家风

最美的教育是传承

李世强 编著

有爱有规矩，家教成败看家风。
家风也称作"门风"，是一个家庭或者一个家族的基因。

中央编译出版社
Central Compilation & Translation Press

图书在版编目（CIP）数据

家风，最美的教育是传承 / 李世强编著．
—北京：中央编译出版社，2015.7
ISBN 978-7-5117-2685-8

Ⅰ.①家…
Ⅱ.①李…
Ⅲ.①家庭教育
Ⅳ.①G78

中国版本图书馆CIP数据核字（2015）第108232号

家风，最美的教育是传承

出 版 人：刘明清
出版统筹：董　巍
策划编辑：黄海明
责任编辑：岑　红
责任印制：尹　珺
出版发行：中央编译出版社
地　　址：北京西城区车公庄大街乙5号鸿儒大厦B座（100044）
电　　话：（010）52612345（总编室）　（010）52612313（编辑室）
　　　　　（010）52612316（发行部）　（010）52612317（网络销售）
　　　　　（010）52612346（馆配部）　（010）55626985（读者服务部）
传　　真：（010）66515838
经　　销：全国新华书店
印　　刷：香河县宏润印刷有限公司
开　　本：710毫米×1000毫米　1/16
字　　数：160千字
印　　张：18.5
版　　次：2015年7月第1版第1次印刷
定　　价：38.00元

网　　址：www.cctphome.com　　邮　　箱：cctp@cctphome.com
新浪微博：@中央编译出版社　　　微　　信：中央编译出版社（ID：cctphome）
淘宝店铺：中央编译出版社直销店（http://shop108367160.taobao.com）　（010）52612349

本社常年法律顾问：北京市吴栾赵阎律师事务所律师　闫军　梁勤
凡有印装质量问题，本社负责调换，电话：（010）55626985

前言

家风，最美的教育是传承

在 2014 年的时候，中央电视台做了一档节目——"家风是什么？"这个话题在当时引起了社会很大的反响，同时也引发了人们深浅不一的思考。当今很多家庭的教子观是一切围绕孩子，在这种社会氛围中，是否还存在着家风，而我们现在的家风又是什么呢？中华民族五千年传统的家风在现代家庭中，还存在吗？

俗话说："国有国法，家有家规。"这里所指的家规也就是家庭传承中延袭的一种规矩，久而久之便形成了我们所说的家风，小到一个家庭，大到一个家族的风气。每一个家庭所培养出来的孩子，都会受这个家庭家风的影响。如果一个家族有良好的家风，那么培养出来的孩子也会拥有良好的素质，而每一个孩子又构成了我们所生活的社会。因此，家风是否优良，关系到千家万户的幸福，也构成了社会和谐稳定发展的基础。如果一个家庭的家风倒了，这个家庭培养出的孩子从小就很难受到良好的家庭教育，对于孩子的人生观、价值观都会产生不好的影响，这样的孩子将来走到社会中也很难立足，甚至这些观念相同的人走到一起可能会走向犯罪的道路，这不仅对个人家庭，甚至对国家和社会的和谐都会构成不安定的威胁。

中华民族是拥有五千年文化的礼仪之邦，而家风也是五千年文化传承之基。古代就有《颜氏家训》《朱子家训》《弟子规》这样优秀的典籍。关于树立家风、如何教子的故事也是举不胜举，如岳母在岳飞后背刺上"精忠报国"四字，教育岳飞要效忠国家，尽职尽忠。岳飞没有忘记母亲的教导，用尽毕生精力对抗金兵，保家卫国。晚清时的名臣曾国藩，不管公务多么繁忙，时常会给家中写信，批改子女的文章，关怀子女的生活。由此可以看出，家庭教育更重要的是教导子女如何做人，为他们建立简朴、勤奋、求学、务实的良好品质奠定基础。

　　如今，虽然家风和教育观念出现了一些差别，但还是有很多优良传统的家风盛行在我们生活的社会当中。西安市的退休工人尹惠玲，三十年如一日地一直照顾着自己的婆婆，毫无怨言。在五十多岁的年纪，还经常看一些了解老年人心理和生活习性的书，以加强自己照顾婆婆的知识。在她的悉心照料下，年过百岁的婆婆陈凤英老人身体依旧健康，五代同堂，阖家欢乐。山东有一个年轻人叫田世国，在得知自己的母亲身患尿毒症，需要换肾的情况下，毫不犹豫地把自己的一个肾脏移植给了母亲，而母亲直到手术结束都不知道这个愿意为他捐献肾脏的"大善人"就是自己的儿子。上海中山医院的大夫也为之感动，说道："至今为止，我们这里做过上百例肾脏移植的手术，但都是父母移植给孩子的，孩子移植给父母的，这是第一例。"

　　这样的事例还有很多，虽然如今人们的家风传承意识淡薄，但不代表着这种优良传统已经消失。这些事例中的主角，正是通过自身的品性和德行，告诉人们这些高尚的风格依就在，只要我们能够坚持把它传承到子女的身上，它就永远不会消失。

目 录

PART 1
德字诀：家风之精，在于品德

品德是中华民族之基，从古至今，看一个人的才能最注重的就是品德。古有推贤纳士，而判别一个人是否贤良，主要就是看他的德；而在如今，学校教育提倡的也是德智体全面发展，德被排在首位，企业招人也以德为先。可见，传承家风，理当以德为首。

善良是最美的品德 / 003

百善孝为先 / 007

让尊老爱幼的优良品德代代传承 / 012

正面鼓励，使孩子的爱心得到延伸和强化 / 016

诚信乃孩子立身之本 / 020

给孩子一颗勇敢的心 / 025

勤奋犹如春起之苗 / 028

家风，
最美的教育是传承

PART 2
严字诀：没有规矩，不成方圆

　　家风，往往决定一个人的处世与做事态度，甚至会影响一个人的一生。家风的优劣，会显现其世界观、人生观和价值观；会左右其工作能力的正常发挥以及对人生道路的选择；会影响他的工作作风，乃至会影响到他的整个人生。

　　良好的家风，就该从小抓起。当孩子在犯一些错误的时候，作为家长绝不能以"孩子还小"为理由而放纵，一定要严肃教育，让他认识到自己的错误。

家风，从孩子的卫生抓起 / 037

偷窃是绝不可饶恕的行为 / 042

孩子绝不可出口成"脏" / 047

先给孩子一个好身体，再让他学习 / 052

掌握要领，家长不必为孩子吃饭烦恼 / 056

自省，方可成长 / 060

PART 3
度字诀：过度保护，即是伤害

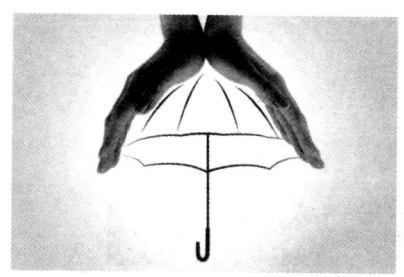

"养不教，父之过。"一个家庭的家风教育好坏，全看父母是否能够认真教育子女，是否溺爱子女。现在大多数家庭都是独生子女，父母和老人对于孩子都会有过度的宠爱和保护，但这样不仅不会让孩子明白何为家风、何为中华民族的传统美德，更会让孩子养成自私、傲慢等不良的品性，等到将来走向社会，这些恶习会给孩子带来巨大的伤害。

对于孩子，溺爱等于过度的阻碍 / 067

过度放纵也是一种忽视 / 072

爱不能代替孩子精神的独立 / 076

帮孩子摆脱依赖心理 / 081

"残酷"的父母造就独立的子女 / 085

让孩子的好习惯在家长的"懒"中养成 / 089

不能自立，孩子永远无法长大 / 093

家风，最美的教育是传承

PART 4
磨字诀：没有风雨，何来彩虹

每个人都喜欢舒舒服服的顺境，而不喜欢逆境。尤其是现在处在蜜罐中的孩子，不愿意经受一丝苦难家长更是为孩子撑起了多重保护伞，生怕自己的宝贝遭遇逆境，受苦受累。

其实，让孩子面对磨难，经受挫折，在逆境中锻炼自己，才是中华民族一直传承下来的优良传统家风。对孩子来说，一味生活在顺境中不见得是件好事，这样的孩子经不起一丝的苦难挫折。逆境是人类灵魂得到升华的地方，它可以磨练人生，增长才干。

不经历风雨，怎能见到彩虹 / 099

适当的压力可激励孩子进步 / 103

天才长在恶性土壤中最好 / 109

不要剥夺孩子尝试的机会 / 113

锻炼孩子良好的心理承受力 / 117

失败是坚韧的最后考验 / 121

吃苦造就孩子坚毅的品格 / 124

坚强的意志是孩子走向成功的关键动力 / 127

PART 5
放字诀：家风要紧，教导要松

当今很多家长帮孩子包办了一切，连基本的家务活儿都不让孩子去做。孩子想帮大人分担一些家务，大人便会说："你只要好好学习就可以了，干什么家务活。"其实，家长应该知道，最好的疼爱是放开手，家长犯懒就得"懒"出个水平，让好家风和孩子的好习惯在家长的"懒"中养成。

让孩子做自己舞台的导演 / 135

依偎在父母怀里，如何面对社会 / 138

孩子要从小承担家的责任 / 144

有些事该管，有些事要放 / 147

每个孩子都是独一无二的 / 151

跌倒后就要学会自己站立 / 154

家风并非是强迫教育 / 157

PART 6

智字诀：理性做事，平和待人

好的家风能够培养出优秀的孩子，有教养的孩子。但如何让孩子传承好的家风，让孩子能够欣然接受呢？光靠打骂是不行的。对待不同的孩子，父母应该做到理性引导、平和对待孩子。当孩子有负面情绪时，要循序渐进地引导，使孩子能够摒除恶习，秉持优良的品性。

莫让掌上明珠燃起嫉妒之火 / 165

自卑的孩子如何感受阳光的灿烂 / 167

"熊孩子"爱恶作剧，家长如何管 / 170

拒绝急躁，教孩子遇事冷静 / 173

让孩子学会克制，培养孩子的耐心 / 178

别让多疑成为孩子成长的绊脚石 / 185

合理期望，拉近与孩子心灵的距离 / 189

锻炼孩子，让孩子告别脆弱的内心 / 194

PART 7
教字诀：家风传承，言传身教

优良的家风需要靠一代代的传承，如果父母自身有诸多恶习，却希望自己的孩子能够有良好的修养和习性，这是不可能的。俗话说，上行下效。家长的言行举止都在潜移默化中影响着孩子。这意味着，欲要从严治家，必先修其自身。

良好的家风需父母以身作则 / 201

孩子撒谎是否是父母的问题 / 204

父母脏话连篇，孩子如何学好 / 208

发牢骚时请远离孩子 / 212

引导孩子做一个懂得分享的人 / 215

对孩子要做到信守承诺 / 219

家庭教育，首先是家长自己的教育 / 225

PART 8
宽字诀：人非圣贤，孰能无过

没有谁一生下来就是完美的。大人都会犯错，更何况是孩子。在教育孩子的时候，不要总觉得所有事孩子都应该知道，任何东西孩子都应该懂得。教育孩子最大的忌讳就是"急功近利"，要懂得给孩子犯错的机会，而当孩子犯错了，也应该只针对问题本身，而绝不可以针对孩子进行"侮辱"。正所谓，人非圣贤，孰能无过。

给孩子一个犯错的机会 / 231

吾日三省，给孩子一些时间思考 / 235

批评也要顾及孩子的自尊 / 240

家风不是用"恐吓"调教出来的 / 244

一味地责备无法造就品格好的孩子 / 248

孩子"不知道"，要耐心教导 / 252

PART 9
巧字诀：家风教育，与时俱进

孩子需要一个成长的过程，在这个过程中，不同的年龄阶段孩子就会有不同的思维和行为方式，这就意味着，如果父母想要取得最佳的教育效果，就要针对孩子各个年龄段的特点，采取不同的教育方法。孩子长大了，父母的教育方法也应该跟上步伐，做出调整，特别是要跟上时代的节奏。

不同的年纪，不同的教育方法 / 259

父母的教导需要根据孩子的进步而循序渐进 / 263

树立家风，也需因地制宜 / 266

家风不等于让孩子实现父母的希望 / 270

孩子有时也能成为父母的榜样 / 273

家风教育，伴孩子快乐成长 / 277

后记 / 281

PART 1

德字诀：家风之精，在于品德

品德是中华民族之基，从古至今，看一个人的才能最注重的就是品德。古有推贤纳士，而判别一个人是否贤良，主要就是看他的德；而在如今，学校教育提倡的也是德智体全面发展，德被排在首位，企业招人也以德为先。可见，传承家风，理当以德为首。

善良是最美的品德

> 善良的行为有一种好处,就是使人的灵魂变得高尚了,并且使它可以做出更美好的行为。
>
> ——卢梭

善良是中华传统美德之一,也是优良的家风之一。善良对孩子的成长有着重要的影响。可以说,人若是不具备善良品质,其人格是不健全的,将来也难有作为。当孩子做出善良的举动时,家长一定要及时表扬孩子。

善良是孩子在成长过程中不可缺失的一种宝贵品质,能让人内心时刻充满温暖和感恩的感觉非善良莫属,一个人要想身心都健康,首先要做到善良。因此,父母要从小培养孩子的善良品格。

夜幕降临,8岁的平平还没有回家,家长看孩子还不回来,真有种心急如焚的感觉。快8点的时候,平平终于回来了。

"你到哪里去了,怎么这么晚才回来,不知道爸爸妈妈担心吗?"妈妈生气地说。

"我本来能早些回来,可是在过马路时遇到一位失明的老人,我扶她过马路。"

还没等平平说完,妈妈非常生气地问道:"扶老人过马路能走到天黑,你是在骗我吧!"

"你先听我说完嘛!我扶老人的时候,听她说她和孩子走散了,找不到回家的路了。后来我得知她家住在铁路小区,紧接着我问她知道家里的联系方式吗,她告诉我家里的电话号码忘记了。最后没办法,我只能把老人送回家。"

妈妈对平平的话还是有些怀疑,于是问道:"那老人为什么偏偏选择你这个小孩子帮忙呢。她怎么不找别人?"

"老人在此之前已经寻求好几个人帮助她,可是没有一个人愿意伸出援手。后来遇到我,我坐公交车把她送回去的。"

就在平平和妈妈解释的时候,突然来电话了,爸爸接听了电话,一阵点头,放下电话后,平平爸爸高兴地对平平妈妈说:"是那位老人女儿打来的电话,她谢谢平平的帮助,还说哪天要登门道谢呢。"

妈妈这才意识到错怪了孩子,于是赶紧向平平表达歉意,并夸奖平平善良的举动。

虽然孩子有时做出善良的举动带有违背父母意愿的性质,甚至孩子的善良举动换来的是别人的不理解和嘲笑,但是父母一定要对孩子善良举动给予肯定和支持,并给予赞赏和表扬,这对孩子的成长起着至关重要的作用。

人之初,性本善。家长们一定要对孩子善良的行为做出积极的评价,给予孩子正面的评价后,无形中会把善良的行为强化;如果孩子的善良行为被家长误解,很可能孩子此后不会再做出善良的举动。因此,对孩子善良的行为给予表扬和肯定,是树立孩子正确的人生观和价值观的有效手段。

孩子身心能否健康成长,这和善良品质有着千丝万缕的联系,在培养孩子的善良品质的同时,更需要父母和孩子一起善良。

某寒冷冬日的下午,正围坐在火炉前烤火的小白一家三口看到了路过

德字诀：家风之精，在于品德 PART 1

的母子俩，小白发现这母子俩衣衫单薄，已经冻得浑身直哆嗦，母子俩看到小白一家在烤火，于是询问是否能进来烤烤火。

6岁的小白很同情他们的境况，不等父母开口，急忙说："快进来！快进来！"母子俩看大人未表态，犹豫不决。

小白转过身看着父母，父母微笑着对那母子俩说："赶紧进来烤烤火，都冻成这样了！"母子俩这才进屋烤火，小白赶紧起身把自己的座位让给了那母子俩，随后又进里屋搬了一个凳子给他们坐。

这对母子就在火炉旁边向小白一家说了一下他们的经历：他们本是来此地投奔亲戚，可没曾想亲戚已经搬到别的地方住了，在打听清楚地址后，正好路过小白家门口，想烤火取暖之后，继续赶路。

母子俩烤了一会儿火，仍瑟瑟发抖。小白对妈妈说："妈妈，您给他们倒两杯茶吧？喝完热茶后，身体肯定会暖和起来。"妈妈答应了小白的请求，一会儿工夫端来了两杯热茶。

看着他们喝完热茶，小白又赶紧跑回自己的房间拿来两件毛衣，准备送给他们，他又向爸爸妈妈请示道："我可以把这两件毛衣送给他们吗？"深感意外的父母还是很高兴地同意了小白的请求。

这是一个多么善良的孩子啊！更值得一提的是，他有明智的父母！有时候，和孩子共同弘扬善举，是对孩子善良行为的最大支持与肯定。

对于如何培养孩子的善良之心，家长可以试着从以下几个方面做起：

第一，给孩子提供互助、友爱的家庭氛围。

家庭氛围对孩子影响是巨大的，父母的言行举止对孩子的影响是潜移默化的，将这两者合理的结合有利于培养孩子善良的品质。大多数情况下，父母做出怎样的言行举止，久而久之也会培养出孩子一样的行为。若想让孩子懂得善良的真谛，首先要为孩子营造出一个互帮互助的家庭氛围来。

第二，对孩子善良的行为及时肯定。

年幼的孩子往往会做出比大人更多的善举。每当这时，家长一定要对孩子的这种行为给予肯定和鼓励，而不是因为孩子违背了父母的意愿而否定孩子的这种善举。否则，就会给孩子造成做好事是错误的错觉，如果否定了，孩子也可能因此而变得自私自利，这极大阻碍了孩子心理的健康发展。

第三，让孩子学会设身处地为别人着想。

只有设身处地站在别人的立场上去想问题，才会理解别人的言行，才会明白别人的感受，才会做出更多正确的选择。大多数孩子喜欢跟风，喜欢和别的孩子欺负弱小甚至是身有残疾的孩子，因此，家长一定要制止这种行为，并教育孩子站在别人的角度想问题，让孩子体会到别人的感受，从而做出善良的举动。

专家谏言：

一个身心健康的孩子就好比一棵大树一样，善良是根基，正直是树干，情感是枝丫，有了这些善因才能结出善果。因此，家长对那些遇到困难的人伸出援助之手，用自己的善良感染和陶冶孩子，才是培养孩子健康、善良和正直的最好方式。

德字诀：家风之精，在于品德　PART 1

百善孝为先

> 父母俱存，兄弟无故，一乐也。
> ——孟子

中华民族有两大基本家风传承行为准则，一个是忠，一个是孝。一直以来，中国人就把忠孝视为天性，甚至将其作为区别人与其他动物的重要标志。忠孝虽然是圣人提出来的，但不是圣人想出来的。

"父母俱存，兄弟无故，一乐也。"这是孟子的原话。这讲的就是孝道。孝，指的是事亲与守身。事亲方面，孟子举了舜与曾子的例子。

曾子是个有名的孝子，他的孝顺不但体现在从物质上关心父亲，而且他对父亲还有一种恭敬心，并以此来侍奉父亲。这就是我们常说的"养志"。舜的家庭也很特别，舜的父母和弟弟多次加害于他，但舜却始终不记仇，舜五十而慕父母，对弟弟更是照顾有加。可见曾子和舜都是十分善良之人，这其实是由他们的本性决定的，这可以作为"性善"论的一个重要佐证。但是，"义在外"的现实同时存在着，所以在人的一生中，更多的是需要在相信"人性本善"的同时加以日常生活的培养，这就是所谓的"守身"，换种说法就是"修身"。修身就是让人领悟到"仰不愧于天，俯不怍于人"的坦荡胸怀。

在课堂上老师给学生们看了这样的一幅漫画，画的内容是一家人正围坐在餐桌前为年近六旬的姥姥举办生日宴会。餐桌上摆满了美味佳肴，大

家也都吃得很热闹,唯独不见姥姥的身影。只见在厨房忙得满头大汗的姥姥被小外孙指着,大声叫道:"姥姥,该您吹蜡烛了。"

很简单的一幅画,然而意味却无穷。虽说是为姥姥举办的生日宴会,实则是让老人无偿地为小辈们付出!看到这里,你也许会禁不住要问:"中华民族五千年文明的孝道哪里去了?"

众所周知,中国人是十分讲究孝道的。不论是长者还是小孩,都遵循着"孝"。古时候的"孝"又被称作"顺","孝"和"顺"永远是连在一块的,最后终于合二为一成了一个专有词。在古人看来,父亲是一家之主,儿女必须听从父亲的教诲,不论对错都要服从,这也是孝的一种体现。

在现代社会中,"孝"的含义应该有进一步的丰富和改变,从一味顺从,深化到了求大同存小异,而且不但要从物质上尽孝,更要从精神上尽孝,多关注长者的心灵需要。我们经常会发现这样一种情况:周末的时候,儿女们都聚到了老人家里,对老人嘘寒问暖,给老人带去一些保健品,陪老人聊聊天,孙子们也向老人汇报自己的学习成绩,或是用跳舞唱歌等表演逗老人开心,这其实是新时代孝道的一种体现。

社会总是在不断地进步,孝的含义也变得丰富起来,从古时候的一味顺从发展为今天的从物质和精神方面尽孝,这些都体现了我们中国人对"孝"的重视。

讲"孝道"是我们中国人最突出的美德之一,同时,"孝"更是一种美好的人格修养。试想,如果一个人连生他养他的父母都不去孝敬,那还能指望他做出什么对国家和人民有利的事情呢?

曾经看过这样一则感人的故事:

德字诀：家风之精，在于品德

儿子回乡办完父亲的丧事之后，要求母亲跟他一起住到城里去，可母亲却不肯离开清静的农村老家，说是过不惯城市里边的生活。于是儿子也没再勉强母亲，并且说好以后每月都给母亲寄 300 块钱生活费。因为村子太过偏僻的原因，镇上的邮递员一个月才来一两次，近年来，随着村里外出打工的人多了，邮递员每次出现在村子里的日子便成了留守老人们共同的节日。邮递员每次一进村就会被一群中老年妇女团团围住，这些妇女们无非是想问问邮递员有没有自家的邮件或是书信，然后又三三两两地聚在一起分享自己和他人的喜悦。这天，这位老母亲收到了一张汇款单，她脸上洋溢着难以掩饰的喜悦，逢人便说是自己儿子寄来的。就这样，这张 3600 元的汇款单在大妈大婶们手里传来传去，每个人都觉得这孩子很孝顺，大家很羡慕这位老母亲。

几个月过去了，儿子收到了母亲的来信，信上只写了短短的几句，说他不应该把一年的生活费一次性给寄回来，明年寄钱一定得按月寄，一个月寄一次。很快一年就过去了，儿子由于工作太忙，回老家看望母亲的想法难以实现，本想按照母亲的嘱咐每个月寄给她一次生活费，可又怕自己太忙而忘了误事，于是他到邮局后还是一次性给母亲寄去了 3600 元。几天过后，儿子收到了一张母亲寄来的 3300 元的汇款单。

儿子无法理解母亲为什么要把寄给她的钱寄回来，正在百思不得其解之际收到了母亲的来信，母亲再次在信中叮嘱说，要寄就一个月一个月地寄，不然的话她一分也不要，反正自己的钱也够花的。儿子难以理解母亲的做法，但他还是按母亲的叮嘱做了。后来，他偶遇一位进城务工的老乡，他便向这位老乡打听起了母亲的近况。老乡告诉他，你母亲虽然是独自一人生活，但她的生活很快乐，尤其是每次邮递员来的时候，你母亲就像是过节一样。她每回收到你的汇款都要高兴好几天呢。

儿子听着听着，不觉已满脸泪水，他这时候才明白，母亲固执地要他

家风，最美的教育是传承

每个月给她寄一次钱，就是为了一年能享受 12 次快乐。母亲的心其实根本不在钱上，而是全部在儿子身上。

其实，尽孝绝不仅仅在于形式，也不是说一定要给父母多少钱，空巢老人缺的绝不仅仅是钱，他们真正希望的是儿女们对他们多一点关心。

天下英才何其多，不能以孟子那个时候的天下为天下。这个天下，已经突破了时间和空间的限制，并且与孟子所说的"尚友古人"的意思是相吻合的。因此，不管是什么时候，天下英才可以说是"性善"的追求者。

性善论是孟子"仁政"学说的基础，也是他教育理论的重要根据。在孟子看来，人性是与生俱来的，人生来就有为善的倾向，即所谓的"善端"。这些"善端"是与生俱来的，是每个人心中所固有的。因此又被称为"良知"。

孟子认为人虽然天生具有仁、义、礼、智的"善端"，但还是离不开后天的教育，从而加强道德修养，不断地去扩充和发展这些"善端"，从而不断完善自己。孟子认为，人们只要坚持去寻找心中的"善端"，就会因为对人性的了解而达到对天命的认识。

经典启蒙读物《弟子规》里这样写道："父母呼，应勿缓；父母命，行勿懒；父母教，须敬听；父母责，须顺承。冬则温，夏则凊，晨则省，昏则定。出必告，反则面。"这些都是中国古代教育孩子优良的家风，这些都是说的子女的行为准则，也可以说是做子女的应尽的职责和义务。唐代的时候，法典里边就规定人子有赡养老人的义务。因此我们不难发现，华夏文明的重中之重就是"孝道"，其核心就是以亲子情为主的人际情感关系。而如今，这样的以孝为先的家风正在缺失，一切为了孩子的"家风"盛行。但想象一下，一个连孝顺老人都做不到的孩子，他的孩子又会继承他怎样的家风呢？因此，百善孝为先的优良家风传统，应该继续传承和发展，只有让孩子明白了孝的真正内涵，才能让孝的良好家风永久传承。

德字诀：家风之精，在于品德　　PART 1

专家谏言：

　　从古至今，孝一直是家风传承中必不可少的。虽然对于"孝"的含义有所变化，但这个字的内涵应该是一脉相承的。在今天，"孝"文化正在发生着变革，面对这样的冲击，我们应该从自身做起，从每个人做起，让"孝"文化永远传承，成为中华民族每个家庭最为宝贵的家风。

家风，
最美的教育是传承

让尊老爱幼的优良品德代代传承

> 老吾老以及人之老，幼吾幼以及人之幼。
>
> ——孟子

尊老爱幼，一直是中华民族大力提倡并传承的文化传统，也是家风传承之首。早在两千多年前的春秋时期，孔子就曾在《论语》中说："弟子，入则孝，出则弟，谨而信，泛爱众，而亲仁。"就是说，做人首先要能够做到在家事亲以孝，出门要尊敬师长，做到长幼有序，多亲近有仁德之人，提高自己的道德观念和道德行为。可见，孔子非常重视向学生灌输尊老爱幼的教育。另一位儒家大人物孟子也曾说过："老吾老以及人之老，幼吾幼以及人之幼。"其意思是说："尊敬自己的长辈，并要以同样的态度对待其他的长辈；爱护自己的孩子，并以同样的态度爱护他人的孩子。"尊老爱幼，包括家庭内和家庭外。在家庭内，指的是要赡养双亲，要照料父母的生活，关注他们的想法，在起居住行上照顾老人，尽人子之责。在家庭外，指尊敬年长之人，爱护年幼之人。

我国古代孝敬父母的例子举不胜举，孝子黄香的故事就被代代传颂。古时候，有个孩子叫作黄香，九岁丧母，母亲去世以后，他对父亲非常孝敬。每至夏夜临睡前，小黄香就坐在父亲的床上把蚊子驱走，挂上蚊帐，再用扇子把席子扇凉；而每当冬夜，他就先睡进父亲的被窝，先用自己的体温为父亲暖好被窝，再请父亲睡下。

德字诀：家风之精，在于品德

如今，我国的人口结构发生了很大的变化，老龄化速度迅速加快，老龄人口也飞速增多，家中的老年人在生活上越来越困难。很多家庭都是只注重孩子，万事以孩子为核心，却忽略了对父母的关照，让他们落了个凄凉晚年，有很多孩子也并不懂得孝顺自己的爷爷奶奶、姥姥姥爷，有时候还会嫌他们麻烦、啰唆，这都是亟须改正的。父母培养孩子尊老爱幼的良好习惯，可以从以下几个方面入手。

第一，父母要起到模范表率作用。

俗话说"上梁不正下梁歪"，父母要培养孩子尊老爱幼的良好习惯，就要先从自身做起，做一个敬老爱幼的领头人。孩子心理尚不健全，认识判断能力较弱，他们往往以父母的言行作为标杆，觉得父母做的就是对的，父母怎样做，他便怎样学。

阳阳和妈妈一起上街，恰巧碰到了妈妈的同事李叔叔，阳阳不仅不和李叔叔打招呼，甚至看都不看他一眼，对于李叔叔的热情也是冷漠相待，非常没有礼貌。回家之后，妈妈把阳阳叫到身边，严厉地训斥道："阳阳，妈妈发现你对李叔叔特别没有礼貌。妈妈告诉过你多少次了，对人要有礼貌，你就是当耳边风！"

阳阳不仅没有听，反而顶嘴道："这事不能怪我，虽然你总叫我要学会尊老爱幼，可是，你从来就没有尊重过我奶奶！我都记得！"听到阳阳的一番话，妈妈的脸一下子就红到了脖子根。

"己不正，何以正人。"要想让孩子尊老爱幼，家长就要先从自身做起，为孩子树立一个好榜样，让他在不知不觉中养成良好的习惯。

第二，及时纠正孩子的不良行为。

如今大部分的孩子是家庭生活的中心，他们爱冲动，情绪波动大，爱支使人，倘若不顺心，便会大发脾气，常常会做出对老人无理的举动，冲撞老人，如对老人发脾气、摔东西、不理睬等。家长如若发现孩子身上存在类似问题，一定要进行严格管教，让孩子认识到自己的错误，对孩子一味容忍或是一笑了之，只能让孩子的恶习日益膨胀，最终养成不良习惯。

张杨是家里的独生子，衣来伸手，饭来张口，每次吃饭之前，还不等饭菜上齐就狼吞虎咽地吃起来，吃上一会儿，杯盘狼藉，吃完饭后，碗筷一扔，就去看电视了。爷爷奶奶久居乡下，这次进城来看孙子，看到这种情况，觉得这样惯下去不是办法，就说了张杨两句，谁知道张杨反唇相讥："这是我家，你们管不着，土老帽儿！"爷爷奶奶大为惊愕，没想到孩子会这样对待他们，孩子的父母听到之后，赶紧向老人赔了不是，说自己平时疏于管教，并严厉地教训了孩子，让孩子向老人承认了错误。从那以后，张杨的爸妈再也没有放松对张杨道德方面的教育，现在，他已经是一个懂事的好孩子了，深得爷爷奶奶的喜欢和疼爱。

第三，让彼此的尊重和关怀深入到生活细节中，成为一种生活习惯。

家长要让孩子在生活中时时刻刻体现出关爱来，让关爱的气氛在家庭中日渐浓郁。比如，爸爸下班回来了，妈妈可以告诉孩子："爸爸累了一天了，宝贝是不是该给爸爸倒杯茶？"或是奶奶年纪大走路不方便，家长可以提醒孩子去搀扶下奶奶，并对其行为做出鼓励。久而久之，孩子就能够逐渐地养成尊老爱幼的品质，这对孩子今后的生活是非常有益的。因为每个人都生活在社会这个大团体中，谁也不能脱离他人而存在，不管在何时何地，都要学会关爱他人，尊老爱幼，这是一个人素质的体现，也会在无形中构成在他人头脑中的印象，这对孩子今后的事业和人生都会产生很大的影响。

不论社会发展到什么程度，尊老爱幼的传统是必须发扬下去的。尊老爱幼是整个人类社会进步的体现，是构建和谐社会的必要条件，同时也是一个人成长发展的必要条件。在日渐功利化、浮躁化的当代社会，更是如此。

专家谏言：

尊老爱幼一直是我国传统美德，也是家风最重要的传承，但现在因为对孩子溺爱等各方面原因，大部分孩子都是以自我为中心，很少能做到对他人的关怀。因此，要想引导孩子成为一个尊老爱幼的人，首先家长必须做到言传身教，不能说一套做一套。其次，国学方面的书籍也会对孩子起到很好的引导作用，给孩子讲述古人孝道方面的故事，让孩子在潜移默化中养成尊老爱幼的习惯。

正面鼓励，使孩子的爱心得到延伸和强化

> 慈悲不是出于勉强，它是像甘露一样从天上降下尘世；它不但给幸福于受施的人，也同样给幸福于施与的人。
>
> ——莎士比亚

现在的生活条件越来越好，孩子们享受到的爱也越来越多了，可孩子的内心却变得狭隘，很多孩子变得自私、没有爱心。所以在孩子成长的过程中，培养孩子爱心的家风是非常必要的。

赏识孩子的善举是培养孩子爱心最为关键的一步，当孩子做出善良的举动时，一定要在第一时间给予支持和鼓励，通过这种正面的回应，让孩子的爱心行为延续和强化。

孩子的力量毕竟是有限的，因此孩子的爱心很多时候是需要大人帮助的。

一天，路路全家去春游，路路无意中在草地上发现一只受伤的小鸟。它的翅膀不知道怎么搞的，鲜血淋漓，看样子是飞不起来了。路路于是向爸爸妈妈哀求道："这只小鸟的翅膀受伤了，爸爸妈妈你们看它流血了，如果没人收留它，它就会死掉，我们把它带回家养伤好不好？"

妈妈看着这只受伤的小鸟对路路说："可以把它带回家养伤，但我和你爸爸很忙，没有时间照顾它，所以，这个重任就交给你了，怎么样？"

路路听妈妈这样说，十分高兴地回答道："没问题，包在我身上了。"

在路路的悉心照料下，小鸟没过多久就痊愈了，路路又和爸爸妈妈一同将小鸟放归大自然。

父母在培养孩子的过程中，培养孩子爱心不可缺少的内容就包括和大自然、小动物的亲近，在这个过程中无形培养了孩子的爱心。家长应该在这期间告诉孩子动物是人类的好朋友，一定要学会爱护自然，保护自然，这样自然才会给人类回报。家长可以通过带孩子去郊游或是参观植物园的方式让孩子感受自然的美感，以此来培养孩子的爱心。

在培养孩子爱心的过程中，孩子是需要父母的支持和帮助的。如果家长对孩子的求援予以拒绝，会造成做好事是错误的错觉给孩子，从而导致孩子产生错误的观念。当家长帮助孩子一同完成一件善举之后，孩子自然会感受到这是家长对自己行为的肯定与支持，从而对做好事充满了信心与期待。因此，要想培养孩子具有爱心，首先要家长具有爱心，用自己善良的言行去影响孩子和支持孩子，这样才能让孩子的心灵变得善良、纯洁。当孩子做出爱心举动时，不管事先有没有征得父母的同意，家长也要给予支持和鼓励，而不是因为没有征得自己的同意而否定孩子。你应该对孩子说："好孩子，你这样做是对的，不过下次在行动之前和我打声招呼好吗？"当孩子无力实现自己善意的行为时，你应该对孩子说："没事，宝贝儿，还有我，妈妈帮助你一起完成！"

那么，在孩子成长的过程中，父母应如何培养孩子的爱心呢？

第一，妈妈要以身示教，做好孩子的楷模和榜样。

妈妈一定要给孩子灌输这样一种思想：尊敬别人，才会被别人尊敬；爱护别人，才会被别人爱护。这就是相互作用，具有爱心的人是被人所敬仰的。身为家长一定要以身作则，做出尊老爱幼的典范，用自己的爱心行

动来影响孩子,孩子在这样的引导下才会形成正确的价值观和人生观。

第二,给孩子可以实施爱心行动的机会。

每个孩子都有爱心,只是因为父母无形中剥夺了孩子表现自己爱心的机会,这种情况在中国尤其常见。

让孩子学会关爱他人是很重要的,比如,父母生日时,暗示孩子来表达对父母的爱。而当孩子付出行动后,家长应给予微笑的肯定,这无疑会让孩子感到愉悦,并会产生出更多付出爱心的渴望。

第三,对孩子的爱心行为要及时表扬。

如果家长对孩子的爱心行为给予肯定和表扬,孩子会将这种行为发扬光大。所以,不管孩子做出的好事大小,对别人关心的程度多少,都要给予鼓励,激励他们今后做更多这样助人为乐的事情。

妈妈听老师反映孩子在学校主动照顾一个生病的同学,为此她以美味佳肴犒劳了孩子,并且在吃饭时对孩子的行为大加赞赏。

孩子的爸爸在饭后问妈妈:"就那么点事,你至于搞得这么劳师动众吗?"妈妈严肃地对孩子的爸爸说:"这哪里是小事啊,这是在激励孩子今后把好事继续做下去,而且这样有助于孩子爱心的培养。长此以往,孩子就会成为一个真正善良的人。"想要让孩子将善良养成一种习惯,就一定要对孩子善良的行为多多表扬。

第四,教孩子设身处地为他人着想、感受他人情感的能力。

比如当看到别人遇到困难时,家长一定要让孩子想象一下如果自己遇到那样的情况,心情会是怎么样的,理解了别人的痛苦和难处,孩子就会更好地为别人做出精神和物质层面上的帮助。

无论做什么,想要成功就离不开爱心。爱心是一个人人格中非常重要的素质,它是人性的基础。一个自私自利的人必定是一个没有爱心的人,这样的人早晚会被社会遗弃。

爱心可以帮助孩子成长。所以,父母一定要有意识地培养孩子的爱心,让他们的爱心之举成为一种习惯,这样才能成为一个对社会有用的人。

专家谏言:

爱的力量是神奇的,只有具有爱心的人才拥有这种神奇的力量。有爱心的人在人生中不论遇到什么挫折和困难,都能挺过去,并且能战胜它们。

家风，最美的教育是传承

诚信乃孩子立身之本

> 言不信者，行不果。
> ——墨子

良好的家风最重要的展现之一就是孩子是否讲诚信，是否是一个有诚信的人。家长都希望自己的孩子能养成讲诚信的品格，孩子撒谎是家长最不愿意看到的事情。但是，爱撒谎的孩子却仍然很多，很多家长面对孩子的这种情况时表现得手足无措。其实孩子并不是天生就有这种坏习惯的，而是受后天环境影响所致。

文文对正在洗衣服的妈妈大声说："妈妈，咱们家水表坏了，不走针了！"

妈妈赶紧掐了文文一把，并小声叮嘱道："小点声，别让别人听着了。"

这时，传来了"咚咚咚"的敲门声，文文开门一看，原来是查水表的工作人员来了。

"叔叔，我正想去找你呢，我们家水表坏了，想让您帮着修修！"

"小孩子就会乱讲话！"妈妈边说边瞪了文文一眼，随后她打开水龙头，指着水表对查水表的工作人员说："您看这不是好好的嘛，一切正常。"

文文对此深感疑惑。

后来有一次，文文不小心把妈妈从国外带回来的茶杯打碎了。妈妈看

德字诀：家风之精，在于品德

到了，非常生气。文文因为害怕于是撒谎说："这不是我干的，是小猫上了桌子碰掉的。"

还没等文文说完，妈妈一巴掌就打了过来："这就学会撒谎了，我让你撒谎！"

文文的眼里充满了疑惑，眼泪也随之而来。

文文的妈妈一方面要求自己的孩子诚实，希望孩子不要对自己撒谎，但是她又在孩子面前撒谎，甚至"教唆"孩子去欺骗别人、隐瞒真相。妈妈这样的行为对孩子的是非观产生了很大的影响，做人原则也随之改变，最终导致孩子养成了撒谎的习惯。

父母要知道，培养孩子养成良好的品格要比考出好成绩还重要，没有诚信，在交际上会失去朋友，在社会上会失去发展机会。人生中最好的通行证就是诚信。

那么父母应该如何培养孩子的诚信呢？

第一，父母要给孩子做好诚信好榜样。

父母是孩子的第一任老师。孩子身上的优点或缺点，与爸爸妈妈有着直接的关系。

小明刚上小学一年级时，有一天在上学的路上看见卖风筝的，便对妈妈提出买风筝的要求，并请妈妈周末带自己放风筝。因为妈妈着急上班，便随口敷衍小明说："你只要在学校好好学习，妈妈放学接你的时候就买给你。"

放学的时候，小明看见妈妈空着手来接他，失望地对妈妈说："今天老师在课堂上还表扬我了，妈妈你骗人，你空着手来的！"妈妈不耐烦地回答小明："我现在没空和你说这事，等周末再说。"

在父母的眼中这只是一件小事，但是它对孩子的成长却有着重要的作用，很多父母在教育孩子要诚信的同时自己却从不讲信用，父母的这种行为会给孩子起到一个负面的作用。用自己诚信的行为去影响孩子，才能培养孩子讲诚信的好习惯。所以，家长们在日常生活中一定要注意自己的言行，答应别人的事情就一定要尽力办到，尤其是在孩子面前。父母若总是言而无信，就会在无形中给孩子带来负面影响，长此以往，孩子就养成了不讲诚信的不良习惯。

第二，要及时纠正孩子的说谎行为。

父母一定要坚决杜绝孩子撒谎的行为。孩子的是非观薄弱，很多时候不知道什么是对什么是错，所以，面对孩子的不诚信行为，父母一定要严肃对待，认真处理。父母要对孩子分析撒谎的弊端，引导其认识到错误的严重性，并明确表示不能再有下次。

王飞刚上二年级的时候，一次期中考试结束，他回来了，妈妈问："儿子，这次考试分数出来了吗？"因为这次的成绩很糟糕，王飞不敢和妈妈说实话，只好说："还不知道成绩呢。"从王飞犹豫的眼神中，妈妈感到他可能在说谎。因为妈妈在考试之前教导孩子少玩会，把精力多放在学习上点，争取考个好成绩，可能出于怕妈妈责备的原因，王飞没敢说出成绩。妈妈又对王飞说："即便没考好也没关系嘛，但撒谎就不对了。"但他仍坚持说成绩不知道。妈妈看孩子这么坚定，也就没再多问。

可当王飞冲完澡，妈妈在帮他洗衣裤时，发现他裤兜里放着这次期中考试的试卷，成绩只有78分。当时妈妈就忍不住了，叫来王飞质问道："你为什么要撒谎？"并告诉王飞撒谎是错误的，既然犯错了就要受到应有的惩罚，妈妈让王飞认识到犯错就要勇于承认，不管是有心还是无心。

第三，肯定孩子的诚信行为。

孩子表现出诚信的一面时，家长一定要在第一时间给予肯定和支持，让这种积极的行为得到延续和强化。

星期天，小洪的妈妈想带他去公园玩，可是被小洪拒绝了。"你不是早就想让我带你去公园玩的吗？"妈妈为此感到十分意外，"今天我有时间领你去公园，你又不去了，真是奇怪了！"尽管妈妈的话带着生气的意味，但小洪还是坚持了自己的决定。

原来，小洪昨天已经和其他小朋友约好今天来家里玩。虽然他很想跟着妈妈去公园，但是他不能对小朋友爽约。

"我约了朋友，"小洪说，"我不能说话不算数。"听了小洪的解释，妈妈冲小洪竖起了大拇指。

对于孩子这样的行为，家长一定要予以表扬。积极的回应有利于孩子诚信品格的强化，使诚信常伴孩子左右。

第四，让孩子的合理需要得到满足。

孩子撒谎的绝大多数原因可能是出于某种需要，这种需要有精神层面上的，也有物质层面上的，为了满足需要，孩子肯定会想办法，如果家长对孩子合理的需求忽略的话，孩子就很可能会以不讲诚信的方式满足自己的需求。

一次，飞飞为了得到一个漂亮的书包，对妈妈说："妈妈，你给我买个漂亮的书包吧，我们班上的同学每个人都有漂亮的书包，就只有我没有了！"而事实上，并不是每一个同学都有漂亮的书包，飞飞只是为了满足自己的虚荣心才这样说的。

这时家长应该分析孩子的需求合理与否，如果合理，应该尽量满足孩子的需求。这样，才能避免孩子撒谎行为的出现。

第五，当孩子诚实地承认错误时，应该给予孩子改正的机会。

诚实的孩子可能会在某些方面吃亏，甚至是上当受骗，但一定要让孩子将诚实坚持下去，因为撒谎会让孩子走上一条不归路。因此，当孩子犯错并承认自己的错误时，不应对其责备，而是要给予孩子鼓励，鼓励孩子有错就承认的行为，并引导孩子积极改正。

诚实是一个孩子应有的品质，也是父母在培养孩子的过程中不可忽视的一个重要的部分，当孩子有诚实的表现时，不要因为其他原因而责怪孩子的诚实；当孩子主动承认自己的错误时，一定要给予孩子鼓励。

专家谏言：

家长们应该明白一点，当着孩子的面撒谎，和教会孩子撒谎没什么区别。孩子若表现出诚实的一面，家长一定要在第一时间给予表扬，就用这种积极的正面回应延续孩子这种积极的行为，这样才有利于孩子养成良好的品质。

德字诀：家风之精，在于品德

给孩子一颗勇敢的心

> 困难与折磨对于人来说，是一把打向坯料的锤，打掉的应是脆弱的铁屑，锻成的将是锋利的钢刀。
>
> ——契诃夫

安于现状是人的一种天性。如果从小不教育孩子，养成勤劳勇敢的品格，那么到孩子长大后，这种天性将会自然而然地得到释放。

很多人都不敢、不愿、不习惯做困难的事，以前没做过的事情。行为学家通过实验得出结论：他们任意发给学生一些不同的物品，然后，每个人可以选择用价值相等的物品交换。最后发现，百分之九十的人没有做出交换选择。

行为学家通过实验发现，与那些不属于现状的东西相比，人们更愿意给予自己认为属于现状的东西更高评价，这种选择上的差异被称做"现状偏见"。这就是大多数人为什么安于现状而不愿意做出改变的原因了。

拥有这种思想的人，有了机会也不去追求，不喜欢挑战人生，整天随随便便，一辈子也没做什么有意义的事。

台湾著名作家王文华小时候与其他孩子没什么不同，他从小学到中学没当过学生干部，进入大学后，一次偶然的机会，他被选为学生议会的议员，后被提升为议长。正是这件看似平常的事让他有了不平常的感悟，他感到没把握的事其实也能做好，既然这样，何必要等。从此，他便不断挑战自我，

不断超越人生极限。也正是从这开始，他对别人看来没把握的事特别感兴趣，并一发不可收拾。

他开始写小说，然后改成剧本，再组织团队演出。

他开始学西洋舞蹈，登上了百老汇的舞台。

他嘴里含着小石子对着大操场磨练语速，有空就说绕口令，使自己在一个月内改掉了口吃的毛病。

他参加辩论团，参加国际性的大专辩论赛。

他被斯坦福大学MBA专业录取，他成为了斯坦福大学唯一一位来自台湾地区的学生。

在斯坦福期间，他有过华尔街见习操盘手的经历，也进过微软、戴尔和通用汽车公司工作，见识了这些大公司的企业文化，掌握了商业运作的整体流程。

MBA毕业后回到台湾创作小说，很快就成了台湾地区最炙手可热的作家。

回顾自己的人生之路，王文华说："那些回报最少的事情，正是所谓十拿九稳的事情。人人都感觉简单容易的事情，其实是蕴涵机会最少的事情。要做，捡那些没把握的事情尝试一下，反正大家都没把握。做，就有成功的可能；不做，只能坐等他人成功。"

确实，在生活和工作中，很多人喜欢也愿意做自己有把握和熟悉的事，因为那样会得心应手，成功率也会增加一些，殊不知，机会和成功往往就是在这些所谓有把握的事中与你失之交臂。其实，有很多机会是在我们等待时机成熟时而溜走的。

王文华的经历就说明他是一个敢于突破自己现状的人，他敢尝试自己不擅长的领域，有了想法就付诸行动，这样的勇气是令人钦佩的。

德字诀：家风之精，在于品德　PART 1

在很多家长看来，他们认为孩子的想法极为幼稚，总是想做一些不可能完成的事情。此时，如果家长表现出对孩子想法怀疑的态度，无疑会制造一把无形的枷锁将孩子的想象思维束缚住，这对孩子的个性发展是极为不利的，久而久之，孩子就变成了一个完全没有开拓精神的人。

如父母过分担心孩子失败，只会让孩子丧失独立锻炼自己的能力，那么，孩子就真会成为父母眼中"言听计从"的孩子，可是，当他们独自遇到问题时，没有独当一面的能力，谁又来帮助他们解决问题呢。当家长把孩子的路完全铺垫好后，孩子的依赖感就更加强烈，自己根本没有心思和勇气去独立解决问题了。

让孩子去尝试，允许孩子失败，这样，孩子反而会更轻松，也更容易获得成功。

专家箴言：

只要我们的孩子比别人多付出一点努力，他离成功就会近一些。其实，孩子如果是出于自己的喜好做一件事情，他们一定会尽百分之百的努力去把事情做好，这样也有利于孩子在勇气和耐力方面的培养。其实，就算是孩子没有做成功，失败也会让孩子从中受益匪浅，今后面对挫折时会更有勇气。

家风，最美的教育是传承

勤奋犹如春起之苗

> 勤学如春起之苗，不见其增日有所长。辍学如磨刀之石，不见其损日有所亏。
>
> ——陶渊明

中华民族是一个勤劳、善于学习的民族，"耕读传家"曾经就是中国历史上最理想的、具有最高道德品质的家庭生活方式，几乎成了封建社会大门大户的家教门风。这个影响了中国上千年的传统，依然焕发着无穷的魅力。从居家生活，到子孙培养，中国人仍然非常看重勤劳和学习；无论古代还是现代，凡是有成就的人或家庭，无不依靠勤劳和学习。

常言道："一分耕耘，一分收获。"只有付出努力才有可能换来回报，世界上没有天上掉馅饼的好事。无论是什么人，想做成一件事情都要依靠勤奋。勤奋是一个人获得成功的重要品质，是一个人实现自我理想的基石。

勤奋属于与时间赛跑的人，属于脚踏实地的人，属于坚持不懈、永不放弃的人，属于钻研探索、勇于创新的人。因为勤奋，安徒生创作了感动世界的童话故事；因为勤奋，爱迪生创造了一千多种伟大的发明；因为勤奋，震惊世界的相对论才从爱因斯坦的脑袋中应时而生；因为勤奋，才有了"凿壁偷光""隔篱偷学""囊萤积雪"的千古美谈。

一次，一位记者采访诺贝尔物理学奖得主丁肇中教授。

记者问道："美国大学本科要读4年，获取博士学位得用5到6年的

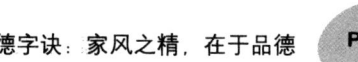

德字诀：家风之精，在于品德

时间，但是，您只用了5年的时间就取得了博士学位，是吗？"

丁肇中回答："在那样的困境中读书，就得用功。"

记者又问："那您获得诺贝尔奖的秘诀是什么？"

丁肇中说："秘诀只有三个字：勤、智、趣。"

这里的"勤"就是指勤奋。在丁肇中的人生里，成功的第一个要素就是勤奋。从小，丁肇中学习就很用功努力。读大学后，无论在哪里，他都严格要求自己，勤奋读书。正如居里夫人所说："懒惰和愚蠢在一起，勤奋和成功在一起。"丁肇中终日与勤奋"为伍"，那么成功也愿意"接近"他。

事实上，获得举世瞩目的巨大成功的人通常并不是才华横溢的天才人物，而是那些资质平凡却又异常努力、埋头苦干的人。伟大的成就通常是这些平凡的人经过自己的刻苦勤奋获得的。尽管有些人天赋过人，可是他们没有毅力和恒心，没有决心和勇气，他们的才能、灵感只会转瞬即逝。而那些意志坚强、持之以恒的人，尽管智力平平，依然勇于开拓，忘我努力，不断积累，不断进步，获得成功。要知道，任何进步都不是轻而易举就能得来的，任何成功都要付出超于常人数倍的努力。"千里之行，始于足下。"没有播种就没有收获，生活会用丰厚的果实回报那些用心播种的人。

天道酬勤，成功总是掌握在勤勤恳恳的人手中。世界首富比尔·盖茨被问得最多的问题就是："你成功的原因是什么？"比尔·盖茨的回答非常简短："勤奋，我对自己要求很苛刻。"人们常常嫉妒别人拿着高薪水，做着好工作，他们只会抱怨是自己的运气太差。但是，当你抱怨时，是否想过自己的努力够不够？付出才有回报！胜任的人、富有的人从来不会抱怨，他们总是抓紧时间，付出超人的努力，把握住稍纵即逝的机会。对于任何人来说，成功都是不普通的，然而成就一番事业，需要的是最普通的品质，如意志力、专注力、忍耐力等，这些品质单看上去，很不起眼，可是集合

最美的教育是传承

在一起，就会发挥强大的作用，不可小觑。

美国恐怖小说大师斯蒂芬·金是一个非常勤奋的人。每天，太阳还没升起的时候，他就起床开始工作。刚开始创作的那段时间，斯蒂芬·金穷困潦倒，有时，他连电话费都交不起，电话公司因此掐断了他的电话线。

但是，无论日子再苦再难，他每天依然坚持写作，一年几乎不休息，除了自己的生日、圣诞节和美国的独立日，其余的时间，他都伏案创作。斯蒂芬·金区别于别的作家的一点是，别的作家在没有灵感的情况不会强迫自己写作，他们会去做一些别的事情。但斯蒂芬·金即使在没有灵感的情况时，依然坚持每天写5000字。这是他老师告诉他的一个秘密。他一直坚持这么做。这条经验使得他终生受益。斯蒂芬·金说过自己从没有过没有灵感的恐慌，他的秘诀就是勤奋，灵感源于勤奋，成功之门总是向那些格外勤奋的人敞开。

勤奋可以培养独立的精神，锻炼坚韧不拔的品格。勤劳是一笔财富，所有想获得成就的人都要追求它，靠着它赢得尊重、地位和权力。具备了勤奋品质的人，会自强不息，顽强奋斗，这意味着他能够取得的成就必然比别人要多。

任何一个人，都不能满足于获得的成绩，自以为了不起，沾沾自喜。我们需要时刻进行自我反省：我们付出的努力够吗，不够就继续努力。真的达到目标了吗？即使我们实现了目标，但我们做得足够完美吗？我们需要劝告自己：不断努力，不断改进！事实上，很多事情当我们以为"只能这样"时，它却还可以改进，还有上升的空间。只是我们没有去思考、去努力。要使自己不断进步，就需用勤奋做保障。每天对着镜子说几句："我今天够努力吗？"只有像蜜蜂一样努力，才会酿出甜美的蜜来。

成就事业不可不勤奋。勤奋是人类前进的第一动力。近年来不断有新闻报道一些出身贫困的农村孩子，高考时取得优异成绩，被著名大学录取的事情。这些孩子不见得就比城里的孩子聪明，他们的生活条件、学习条件、教学质量，一般说来较之城里的学生会差很多，他们唯一能够超过城里孩子的就是刻苦、努力、勤奋地学习。最终他们考上了大学，实现了自己的梦想，这充分显示出了勤奋的作用。

然而，在我们身边，绝大部分家庭都是独生子女，孩子在家庭中的地位很高，一个个都是"小皇帝""小公主"。有不少父母对孩子溺爱、迁就、千依百顺，造成孩子目中无人、唯我独尊的心理，形成了自私、任性、依赖和懒惰的性格。但是这些坏的行为、性格不是孩子生来就有的，而是在后天情况下，父母错误的教育和溺爱形成的。孩子的教育需要科学的方法，父母要纠正孩子身上的不良习惯，必须注意培养孩子的勤奋品质。

我们知道，知识的获得需要探索钻研、反复练习、专心致志。而学习的过程需要坚持不懈、勤奋努力，这些优秀的品质不仅影响孩子的成长，还会让孩子一生受益。因此，作为父母，我们一定要注意锤炼孩子勤奋的品质。

培养孩子的勤奋美德，主要从以下几点着手：

第一，培养孩子勤奋的习惯。

成功取决于一个人在奋斗的过程中付出了多少努力，有没有毅力和决心坚持完成。孩子的身心没有发育成熟，意志和性格并不完善。为了培养孩子勤奋的习惯，家长一定要用合理的方式引导。培养孩子在学习方面的兴趣和耐心，扩大孩子的知识面，注意适时教育，适量学习，不要过度苛求孩子。孩子毕竟是孩子，一旦超过孩子所能承受的范围，往往会适得其反。此外，父母的态度一定要平和，怀有平常心，不要急于求成。

第二，肯定孩子的积极行为。

任何人都需要欣赏和赞美。父母肯定孩子的勤奋行为，夸奖孩子的进步,孩子就会更加努力地学习。因此,父母要在适当的时机,承认孩子的努力、耐心和勤奋。通过语言表达、身体接触,向孩子传达"我喜欢你的努力"这一信息。对他的言行进行公正的评价。可以把孩子完成的任务和做好的工作记录下来,关注孩子勤奋的程度,鼓励孩子不断进步,完成一个个目标。

第三,培养孩子热爱劳动。

勤奋不仅仅体现在学习上,还有劳动。一旦孩子长大成人,进入社会,他的勤奋就表现在工作中。作为父母,要有意识地通过劳动来培养孩子勤奋的习惯。家庭成员,一律平等。孩子是家庭中的一员,与其他成员一样,既可以享受一定的权利,也应该履行一定的义务,因此家长应该教会孩子做一些力所能及的家务,教会他们照顾自己,关心他人,培养他们独立生活的能力。同时,还要规定合理的作息时间,让孩子的生活有一定的规律。

第四,确定目标激励孩子勤奋。

俗话说:"有志者事竟成。"任何一个人,只有确定了目标、有了理想,才能够有奋斗的方向,激励自己向着目标不断努力。家长一定要注意孩子潜力的发掘,引导孩子清楚自己的目标,帮助孩子朝着志向而不断努力。

鲁迅先生说:"伟大的事业同辛勤的劳动是成正比例的,有一分劳动就有一分收获,日积月累,从少到多,奇迹就会出现。"天才的成功源于自己百分之九十九的努力。人的天赋就像火苗,很容易熄灭,若想让它熊熊燃烧,方法只有一个——勤奋、勤奋、再勤奋!机会、天赋、学识只是成功的基础前提,最重要的还是离不开自身加倍的努力。

一位哲人说过:世界上能登上金字塔塔顶的生物有两种:一种是鹰,一种是蜗牛。不管鹰有飞多高的天赋,还是行动缓慢的蜗牛,大家爬上顶点的秘诀都离不开勤奋。没有勤奋,即使振臂有力的雄鹰也只能望塔兴叹。蜗牛可以通过勤奋爬上最高处,傲视万物。

所以任何人都不要依赖自己的天赋。如果你天赋异禀,勤奋就能将它发扬光大。如果你资质平庸,勤奋会帮助弥补不足,如果你有着明确的目标,恰当的方法,勤奋会让你硕果累累。然而,没有勤奋,将一无所获。

专家谏言:

勤奋不是人天生就具有的品质,它是后天培养出来的。勤奋的产生有很多因素,有的来自决心和信念,也有的来自失败和挫折。勤奋能跨越一时的失败和挫折,在梦想的起跑线上奋起直追,坚持到终点。只要勤奋努力,成功必然来临。

PART 2

严字诀：没有规矩，不成方圆

家风，往往决定一个人的处世与做事态度，甚至会影响一个人的一生。家风的优劣，会显现其世界观、人生观和价值观；会左右其工作能力的正常发挥以及对人生道路的选择；会影响他的工作作风，乃至会影响到他的整个人生。

良好的家风，就该从小抓起。当孩子在犯一些错误的时候，作为家长绝不能以"孩子还小"为理由而放纵，一定要严肃教育，让他认识到他的错误。

严字诀：没有规矩，不成方圆　PART 2

家风，从孩子的卫生抓起

> 一屋不扫，何以扫天下。
>
> ——刘蓉

家风是一个家庭或家族的传统风尚，也称门风。家风的优良好坏和这个家庭是否有家规、有着怎样的家规有一定关系。如果一个家庭或者说家族有着好的家规、家风，那么，这个家族的孩子将不会差到哪里去。即便将来不会成为知名的成功人士，也会是人人都敬佩的正直的好人。而如果这种好的家风能够不断通过优秀的孩子带入到社会中，那我们整个社会也将进入良性的循环，形成良好的社会风气。

而如何培养好的家风，那就要从最基础的做起，比如孩子的卫生情况。一个孩子卫生情况好不好，不仅关系着仪容和精神面貌，同样也关系着身体状况。因为身体是革命的本钱，如果没有好的身体，一切都是空谈。而孩子身体健康的保障得益于良好的卫生习惯，清洁卫生直接影响孩子的身心健康。有许多肠道感染和眼部疾病都是因为不讲卫生所引起的。

宋美龄的一生跨越了三个世纪，她不仅在政坛留下了令世人瞩目的风采，还给我们留下了重要的长寿秘诀，那就是一生都保持着良好的卫生习惯。

宋美龄的饮食起居非常有规律，十分讲究卫生。在美国留学期间，她对各方面的卫生尤为注重。宋美龄认为，睡眠质量非常重要，良好的睡眠是保持健康体魄的一个重要的因素。

每天晚上睡觉前,宋美龄都要做一项自身的清洁工作,那就是灌肠。宋美龄每晚都要洗澡,与此同时她还利用新式通便器帮助自己排除体内毒素。宋美龄觉得这种方式对于个人的清洁很有益处,这也是她在美国读书的时候学会的。

到了宋美龄晚年的时候,她才发现这种在常人看似奇怪的通便方式,有着神奇的排毒功效。原来,人体的大便是含有有害细菌最多的排泄物。排泄含有有害细菌较多的大便,不仅可以使一个人保持自身的卫生,还可以使皮肤白皙。灌肠可以让有害细菌的食物废渣尽快地排出体外,宋美龄经过多年实践,数十年如一日地保持着这种卫生习惯。

每晚在上床休息之前,宋美龄一定要提前准备好晚上要用的底裤和衬衫。这种底裤就是我们平常所穿的衬裤。但宋美龄与常人不同的是,她几乎每两天就更换一次衬裤和衬衫,她对贴身衣物的卫生要求是极为严格的。不卫生的内衣和内裤,她肯定不会穿。

除此之外,我们还需要借鉴宋美龄另外一个良好的卫生习惯,那就是在每天起床之后的第一件事——去室外呼吸新鲜空气,然后对着有植被的地方轻轻地咳嗽几下,人体中的毒素也会通过这样的方式排泄出去。

肺部是人体最易遭受污染的器官之一。大量有害气体和细菌都会在午夜时刻集聚在肺部,而在清晨咳嗽几下就是针对这些有害细菌的最佳排毒方式,这和灌肠有着异曲同工之妙。

正因为宋美龄如此注重培养讲卫生的生活习惯,并始终坚持如一,才创造了历史上"不老"的传奇。

孩子健康成长的前提建立在培养他们良好的卫生习惯下。卫生习惯养成的过程,离不开父母的引导与监督。只要父母用心关注,完全可以让孩子逐渐达到"习惯成自然"的境界。

培养良好的卫生习惯对孩子而言很重要，孩子如果缺乏卫生知识，没有良好的卫生习惯，就很难有一个健康的身体，更谈不上能适应现代化快节奏的学习、生活和劳动。因此，父母要根据自己孩子的特点，采取正确措施，纠正孩子不讲卫生的习惯。

第一，要让孩子明白，干净整洁的仪表和讲卫生的习惯体现在生活中的小事上，讲卫生的习惯往往体现出一个人的精神面貌。

很多孩子没有在平时的生活中养成良好的卫生习惯。有的孩子蓬头垢面，衣服总是脏兮兮的，整个人看起来显得无精打采、精神散漫。父母都希望自己的孩子能够幸福快乐地生活，已为人父的美国总统奥巴马，对于孩子的健康问题更是不敢马虎。

美国总统奥巴马有条家规：房间的内务之一铺床，不单单只是铺了，一定还要达到整洁的程度。奥巴马认为，孩子的大事就是如何做好一天的开头。对孩子整理床铺的高标准，是对孩子养成良好卫生习惯的一种教育方式。

一日之际在于晨，良好的开始会让孩子度过舒心的一天。整洁的卧室和床铺会让孩子对新的一天有更美好的憧憬。

铺床看似是个小事，但其有助于孩子养成良好的生活习惯和认真的态度。奥巴马指出，父母应当注重如何为孩子创造良好一天的开端。要求孩子早上起来后铺床，是为了培养孩子良好的卫生习惯。良好的卫生习惯不仅有利于身体健康，更会影响一个人的精神面貌，甚至影响人际关系的发展。

讲卫生的孩子对生活往往抱有乐观积极的态度。父母应该让孩子从生活中的小事做起，在生活的点滴之中提高卫生意识，从而为今后的发展打下良好的基础。

第二，父母要告诉不讲卫生的孩子，不讲卫生会带来各种危害，比如，会生病，会肚子疼，等等。

孩子生病的时候正是纠正孩子不讲卫生的坏习惯的最佳时机。如果经过父母多次提醒、批评，孩子还是改不掉不讲卫生的坏习惯的话，那么父母就可以在带孩子看医生的时候，让医生提醒孩子平时要注意讲卫生。因为对有些孩子来说，医生的一句话比父母的十句话都管用。

第三，父母要帮孩子找一个讲卫生的好榜样。

榜样的力量是无穷的。父母可以观察孩子平时交往的同伴中，哪些孩子有讲卫生的好习惯，可以让这些孩子来带动自己的孩子。

明明不讲卫生，不勤换衣服也不爱洗澡，身上常常有股异味。明明书桌上的灰尘常常积得很厚了也懒得去擦一下。为此，明明的妈妈感到很苦恼。

一次，明明带小梁来家里玩。妈妈留意到，明明和小梁在一起总有说不完的话，而小梁穿戴很干净、整齐，是个讲礼貌的好孩子。小梁走后，妈妈还发现明明对小梁说过的话或者做的事称赞不已，于是妈妈想出了一个主意。

明明的妈妈找到了小梁的联系方式，然后和他商量好，哪天小梁打扫卫生，就让明明去他家玩。妈妈的用意很明显，是想让明明跟着小梁学习讲卫生。

一个周末，小梁正在自己的房间里大扫除，明明来了。小梁就招呼明明先找个地方坐着，自己一会儿就忙好了。明明不好意思坐，就站在旁边看小梁打扫卫生，只见小梁在湿抹布涂上肥皂，然后再轻轻地擦拭书桌，

严字诀：没有规矩，不成方圆　**PART 2**

几处污渍很容易就被擦掉了。明明提出帮小梁一起打扫卫生。小梁也不客气，就让明明帮他整理书本。不到半个小时，屋子里就焕然一新，干干净净了。

小梁告诉明明，自己每个星期都会搞一次大扫除。从小梁家回来后，明明像变了一个人一样，不但把自己收拾得很干净，房间也整洁多了。

父母千万不能在教育孩子讲卫生的问题上用生硬的口吻，数落孩子这里扫得不干净，那里收拾得不整齐。在晚饭后或睡觉前，父母可以用商量的语气说："你的东西收拾好了吗？自己检查一下。"久而久之，孩子自然会养成良好的卫生习惯。

专家谏言：

讲卫生是健康的基础。讲卫生是一个孩子健康的前提保障，那些没有良好卫生习惯的孩子往往都会感染一些疾病。保持良好的卫生习惯，不仅是身体健康的保障，也常常是人们长寿的秘诀所在。

偷窃是绝不可饶恕的行为

> 应该强调，不严肃认真的教育，有许多隐患。父母使自己的子女享福太早，是不聪明的。
>
> ——雨果

家风，往往决定一个人的处世与做事态度，甚至会影响一个人的一生。不良的家风，会给人带来消极的思想与行为，像雾霾一样不仅会侵害自身健康，还会扩散到社会上影响他人健康；优良的家风犹如一股清新空气，蕴含着我们千百年来所信仰的真善美、所珍爱的民族传统，它既能惠及自己的一生乃至子孙后代，也能不断传承大众所公认的核心价值。

家风的优劣，会显现其世界观、人生观和价值观；会左右其工作能力的正常发挥以及对人生道路的选择；会影响他的工作作风，乃至会影响到他的整个人生。

良好的家风，就该从小抓起。当孩子在犯一些错误的时候，作为家长绝不能以"孩子还小"为理由而放纵，一定要严肃教育，让他认识到自己的错误。

曼曼是小学四年级的学生，妈妈是一家公司的管理人员，爸爸是私人企业的老板。曼曼家里的经济条件殷实，她平时也不缺零花钱。但是最近班主任老师反映，曼曼有几次把同学的笔、橡皮带回家去。其实，在她读二年级时就曾偷走了同学文具盒里的钱，只是当时父母都没有重视。

严字诀：没有规矩，不成方圆 PART 2

对曼曼的偷窃行为，老师曾多次对她进行教育，但效果不明显。曼曼的父母感到很不理解，家里什么都不缺，为什么孩子还喜欢偷别人的东西呢？

"偷窃"就是未经别人许可，悄悄把别人的东西拿走。孩子有偷东西行为的并不少见。那么，孩子形成偷窃习惯的原因是什么呢？

当孩子出现"偷窃"行为的时候，有些父母没有给予重视，有的甚至置之不理，这样就会纵容孩子的行为。俗话说："小时偷针，大时偷金。"孩子一旦形成偷窃的习惯，再想改正时就为时已晚了。因此，家教不严是孩子形成偷窃习惯的一个重要原因。

从前，有一位年近半百的富翁，老来得子。富翁很心疼儿子，对儿子的一言一行迁就放任，什么都依着他，生怕严格管教会使儿子受委屈。

孩子在四五岁的时候就养成了坏习惯，不许人管而且强横霸道。

富翁觉得反正儿子年纪还小，现在不用管，等他长大了就懂事了。

随着时间的推移，儿子的恶习也逐渐增多，胆大到常人难以想象的程度。到了十七八岁的时候，他竟常常偷拿父亲的钱到外面去吃喝玩乐，肆无忌惮地挥霍。

儿子每次跟富翁说话都会出言不逊，把富翁气得浑身发抖，而富翁却丝毫没有办法。

不久，富翁的钱就被儿子挥霍完了。儿子因为没钱用，就离家四处流浪去了。

光阴似箭，一转眼，富翁已经80多岁了，暮年孤苦无依，处境好不凄凉。

有一天，富翁在桑园里独自散步，不禁想起不争气的儿子来，忍不住叹了一口气。这时，桑园里的农夫对富翁说："老人家，您这般叹气是为

什么啊？您能帮我把这桑植弄直吗！"

富翁笑笑，摇着头说："哎呀，这枝已经粗得直不回来了。"

农夫说："不错，不错。不但是桑植要从小直，教育孩子也要从小开始！"

年迈的富翁听了这句话，禁不住老泪纵横，他忍不住后悔自己当初没有好好地教导儿子。

"少年若天性，习惯成自然。"孩子小的时候拿走别人的东西，仅仅是出于喜欢，没有道德观念，如果得不到大人的及时纠正，一旦养成了习惯，就会把偷窃当成自然，甚至不以为耻了。

因此，家教不严会让孩子形成偷窃的习惯，甚至当别人用道理教育他们时，他们也不以为然。

有的孩子自制力差，物质上的引诱也会让他们产生偷窃行为。好看的玩具和学习用品吸引着孩子，可是自己的愿望又得不到满足，为了满足物质上的需要，孩子便学会了偷窃。

有的孩子有炫耀心理，为了满足虚荣心，乘人不备就将别人的东西据为己有。这些孩子不但不以此为耻，反而还经常炫耀他们的"战利品"。

另外，反抗心理也会让孩子产生偷东西的行为。一些孩子遇到不公对待后，比如，老师的偏向和同学的欺负，都会引起他们以偷为报复的心理，以此满足心理上的平衡。

作为父母，必须严肃、认真地对待孩子的偷窃行为，教育孩子"勿以善小而不为，勿以恶小而为之"，在严格要求孩子、不伤害孩子的自尊心的前提下，有效地转化孩子。

父母要以身作则，教导孩子正确的道德观念。

菲菲从农村出来，到城里打工。她鼓起勇气前往一家正在招工的酒店

严字诀：没有规矩，不成方圆

应聘。菲菲幸运地通过了面试，老板给她的月薪是900元，加班费另计。菲菲很高兴能到这家有名的酒店当服务员，工作起来也特别勤快。每天，她总是最早一个来上班，最晚一个下班的人。然而苛刻的老板前后挤兑走了几个非常能干的服务员。菲菲得知后，忍不住担心自己能否干得长久。

一天，菲菲在打扫卫生时，意外地发现餐桌座位底下有一张崭新的百元钞票。菲菲的心顿时一阵狂跳，连忙往四周看了看，似乎没人注意自己，于是就弯下腰将钱捡起来。

然而菲菲没高兴多久，忽然想起自己小时候，父亲宁愿卖血也不愿意白捡别人的钱用。那年菲菲才8岁，为了她过年时能够有一套新衣裳，父亲偷偷地到山外的医院卖血。在山口，父亲捡到一个钱包，里面有30元钱。当时，30元钱是一笔不少的钱。有了这30元钱，父亲完全可以不去卖血，然而他却在山口苦苦地等待，最终等来了失主。父亲对菲菲说："不是自家出力挣的钱，拿了烫手。咱人穷，可绝不能志短啊！"

这句话一直铭刻在菲菲的心中。现在，虽然百元大钞确实让菲菲心动，但是她还是毅然把捡到钱的事告诉了老板。

没想到的是，老板说让菲菲捡到钱是自己的一个"计谋"，那几位服务员就是经不住这种诱惑而被辞退的。菲菲恍然大悟，不禁由衷地感谢父亲，是父亲的言行给自己树立了榜样，并且还让自己从中受益。不久后，菲菲被提升为酒店的领班。

如果父母教会孩子面对捡来的钱财而不动心，孩子又怎么会去偷窃呢？因此，父母在平日首先要以身作则，让孩子有正确的道德观念，那么孩子也会学会诚实做人，不随便拿别人的东西。

父母应给予孩子适量的零用钱，以满足他们日常生活的需要。父母可以给孩子一些零用钱用途的建议，让孩子清楚，当他们有所需要的时候，一定要和家里人说明。

同时，父母应与孩子建立良好的关系。因为孩子得到父母尊重，彼此之间建立起良好的感情，那么家长的价值观和教导更容易被孩子接受。

对于犯错误的孩子，父母一定要注意，可以态度严厉，但是不要责骂、嫌弃或鄙弃孩子，而是要给孩子讲道理，不要让孩子感到自己是个坏孩子。让孩子明白，不是孩子本人不好，而仅仅是他们的这种行为不好。

专家谏言：

无论什么情况下，父母都不要责骂、嫌弃或鄙弃孩子。对于有些孩子明知故犯地偷窃，父母发现后应立即指出这个问题的严重性，告诉孩子偷窃是人人憎恨的一种行为，在和孩子的沟通中劝导孩子物归原主并进行道歉。

严字诀：没有规矩，不成方圆　PART 2

孩子绝不可出口成"脏"

> 孩子的身上存在缺点并不可怕，可怕的是作为孩子人生领路人的父母缺乏正确的家教观念和教子方法。
> ——珍妮·艾里姆

家风，是一个家庭中最受人关注、也最能体现家庭素养的"门脸"。无论说话还是做事，稍有出格，就会受到"没有教养，没有涵养"之类的指责。

无论是家长还是孩子，都有着自己的圈子和社会，而在这个圈子内，难免会跟别人有摩擦，这是再正常不过的事。然而任何事情一旦出现后，解决的方法有很多种，如果为了一己之私，采取激进的方式，破口大骂、出口成"脏"，全然不顾别人感受，众多的旁观者就会指责你家风家教低下，即便以往你对孩子有着其他良好的教育，长时间坚守下来的优良家风也会毁于一旦。

奇奇是个11岁的孩子，长得眉清目秀，十分讨人喜欢。但是奇奇的妈妈却不敢带他出门去做客，因为奇奇总喜欢说脏话、骂人。有一次，妈妈带奇奇参加一个聚会。聚餐后，妈妈跟几个朋友闲谈，奇奇走过来对妈妈说自己想回家了。妈妈说："再等一下，马上带你回去。"然后又回过身和朋友说起话来。奇奇突然大声叫道："妈妈，你给我闭嘴！"一句话顿时让妈妈和周围的人感到很尴尬。

奇奇经常说粗话、骂人，妈妈为此感到苦恼。如果妈妈问奇奇："骂人、说脏话好不好？"奇奇就会不假思索地说："不好。"孩子明明懂道理，但是骂人、说脏话的习惯仍然改不掉。

孩子在成长的过程中一般都有说粗话甚至脏话的时期。从成长发育的规律来看，孩子说脏话的习惯往往是模仿长辈或者他人。孩子周围的大人，或者同龄伙伴有骂人、说脏话的现象，那么他们就会成为孩子学习的对象。同时，孩子从电视、网络、杂志等多个途径中接触成人世界，其中的讲话带脏字也会成为孩子学习的对象。

调查结果表明，家庭气氛对孩子说话的影响有三种情况。首先，和睦的家庭氛围会对孩子产生积极影响，孩子会讲礼貌不骂人；其次，家长若是那种态度积极、思维活跃的人，大多在这样氛围下成长起来的孩子，一般不会有骂人行为；最后，家庭氛围不和睦，家长动不动就吵闹，甚至是打架，孩子会从中受到消极影响，孩子出现说脏话的情况的概率将更高。

由于孩子辨别是非的能力远远低于成年人，不少孩子会有骂人就是比别人厉害的错觉。他们听见别人骂人、说脏话，自己也盲目地模仿。

其实，孩子骂人是对心理压力的一种宣泄，他们并不知道说脏话是个坏习惯，只是想发泄一下自己内心的情绪。

一个人如果综合素质高、有教养，就会有良好的文明礼貌的习惯。这样的人将会被人尊重、受人欢迎。就心理角度而言，和谐的人际关系是建立在被众人接纳的高程度下。一个缺乏礼貌和教养的人，怎么会得到别人的尊重，这样的人是在社会中难以立足的，更何谈发展事业。

因此，讲礼貌是人类的精神文明财富。在每一个家庭中，父母都要培养孩子成为讲文明、懂礼貌的人。同时，要在孩子小的时候就要注意培养他们讲礼貌的好习惯。

讲文明礼貌是一种谦虚的语言和行动。著名作家赫尔岑说过："生活里最重要的是有礼貌，它比最高的智慧，比一切学识都重要。"凡是讲文明、讲礼貌的人，都会受到大家的喜爱。

一些父母持错误的观点：孩子年纪尚幼，他们想法天真就随他们去想，孩子长大了就知道礼貌了。其实，如果不从小对孩子进行讲礼貌方面的培养，久而久之孩子就会养成坏习惯，长大后再想把孩子身上这些坏毛病扳正就很困难了。现在很多孩子不注重讲礼貌，归根结底这是家长精神教育上的缺失。这样的孩子如果不及时得到教育与矫正，绝不会在将来的某一天突然变成有教养的人。

同时，讲礼貌和孩子的天真并不发生冲突，所以培养孩子讲礼貌的好习惯会对孩子成长产生深远的影响，越是懂礼仪的孩子，越能获得自由发展的广阔天地，越能成为受人们欢迎的人。

孩子说不说脏话取决于身边的环境和监护人的教育程度。父母必须帮助孩子消除语言垃圾，培养孩子讲文明、懂礼貌的好习惯。

孩子骂人、说脏话都有一个过程。孩子第一次骂人、说粗话，父母通常表现得非常惊讶，认为孩子"学坏"了，然后严加指责，还不停地追问孩子是从哪里学的。

专家认为，父母这样做不仅不利于孩子改掉坏毛病，反而会起到强化的作用。正确的做法是，父母在刚开始听到孩子骂人或说脏话时，可以装作没听到，表现得很镇静，让孩子知道说这种话并不会引起别人的注意，不会达到自己的目的。

如果家长的用意并未被孩子察觉的话，他们再说脏话的时候，父母就要对他们严肃地说："换句话再说一次，刚才说的那句话我无法接受。"慢慢地，孩子就会知道骂人、说脏话会给别人造成不良印象，就会知道哪些话该说，哪些话不该说。

讲文明、懂礼貌是一个人的基本的素质，一个有教养的人，必须懂得文明礼仪。父母都希望孩子懂礼貌，成为文明少年。父母应该让孩子注重个人礼仪的培养，从仪容仪表、仪态举止、谈吐、着装等方面严格要求自己。

例如，仪容仪表要求整洁干净，头发按时理、指甲经常剪、经常洗澡等；仪态举止要大方得体，谈吐诚恳、用语文明，倾听别人说话时要表现出专注的一面。不穿脏兮兮、皱巴巴的衣服，穿衣干净得体。

同时，要让孩子学会待客之道和公共场合的礼仪。遇到熟人要主动打招呼；问路时用语文明；在拥挤的空间与人发生碰撞，要给予对方宽容的态度；家中有客人作客，提前就把房间收拾干净，等等。

父母也可以利用客人来访的机会，让孩子做小主人，有意识地训练孩子招待客人，从而让孩子养成讲文明、懂礼貌的好习惯。

每当家里来客人时，哲哲总是在客人面前做出不礼貌的行为。妈妈为此感到束手无策。一天，妈妈的同事到家里来，妈妈要陪客人聊天，就对哲哲说："你自己去那边玩吧！"

孩子只是嘴上答应了，却迟迟看不到他做出实际行动。

"你是大孩子了，要自己安安静静地玩。"

"嗯。"他嘴上答应着，却并不这么做，一会儿开门，一会儿关门，一会儿又问妈妈要这要那。于是，妈妈先让客人喝茶，然后悄悄地把孩子叫到卧室，狠狠地批评了他一顿。没想到这样一来，哲哲不但没有变老实，反而变本加厉，更加淘气了。

客人走后，妈妈下决心找出孩子不懂礼貌的原因，于是问哲哲："你看你现在多乖呀，可是为什么客人在的时候你就不听话呢？"

"你光和客人说话，老是叫我到一边去，好像我很讨厌似的。我也想和客人讲话。"哲哲委屈地说。

这时妈妈才恍然大悟，原来孩子的心里是这么想的。于是，后来家里

严字诀：没有规矩，不成方圆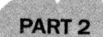

再来客人时，妈妈就会让哲哲招待客人，先给客人送拖鞋，然后再给客人端茶。哲哲果然变得很懂礼貌。

家里有客人来访，是培养孩子懂礼貌的好机会。当客人走后，家长必须对孩子的错误之处进行指正，但孩子做得好的方面也要加以表扬。只有这样，才能培养孩子的好习惯，让孩子心智逐渐地成熟，人格品质得到完善，骂人、说脏话的情况就会逐渐消失。

专家谏言：

父母只有自己讲究礼节、有知识、有能力并且富有进取精神，才能为孩子清理语言垃圾、培养良好的习惯树立榜样，才能获得孩子的尊重，并使孩子健康成长。

先给孩子一个好身体,再让他学习

> 良好的健康状况和由之而来的愉快的情绪是幸福的最好资本。
> ——斯宾塞

良好的家风需要祖辈不断地引导、小辈不断地传承,而如何能够将良好的家风一直不中断地传承下去,首要的是具备良好的身体。因此,如何拥有好的身体,如何让孩子能够坚持不懈地锻炼身体,也就成为了家风中不可或缺的一部分。孩子不爱锻炼身体,最重要的原因是不能将运动持之以恒。锻炼身体实际上是很艰苦的,它不仅要"劳其筋骨",而且要"苦其心志",尤其是需要风雨无阻、持之以恒。许多孩子从小就被宠爱,缺乏不怕艰苦、持之以恒的意志力,他们总是寻找各种理由躲避锻炼。

为人父母的都知道,劳逸结合对一个人的健康和发展是多么重要。身处成长中的孩子,面对强大的学习压力和繁重的学习任务,为了能够实现自己的升学梦想,为了不辜负父母的期望,他们经常承担着超负荷的学习重任。或许父母们感受不到孩子们的辛苦和疲惫,但是无论如何,让孩子在劳逸结合中享受学习、体验生活,让孩子在学习之余停下来休息一下都是很有必要的。

一位父亲跟他的同事说:"很奇怪,我的孩子这礼拜回家,面对他妈妈精心准备的一桌丰盛饭菜,不再像往常那样狼吞虎咽了。他只是用充满疲惫的眼神扫了饭桌一眼,然后有气无力地说'我现在不想吃饭,我只想

严字诀：没有规矩，不成方圆　PART 2

尽情地睡上一觉'。"

这位父亲以为孩子生病了，于是赶忙摸了摸他的额头，并没有发烧。孩子推开父亲的手，说："老爸，我没有生病，只是非常困倦，现在我们学校中午又加了一节自习课，原来中午还能在教室休息半个小时，现在有值班老师'查岗'，不允许我们睡觉。"说完，衣服也不脱就一头扑到床上，几分钟后便鼾声如雷。

如今的孩子面临着沉重的学习任务，他们不得不在休息时间里学习，结果只能使他们变得身心疲惫。因为缺少充足的休息，长时间用眼，也使许多孩子的视力大受影响。专业机构对在校青少年近视高发的现状做了相关调查，他们对这种态势表示了忧虑，呼吁父母们要注意让孩子的眼睛休息。

一位学生在日记里透露，上高三的那段时间，父母为了让他每天多学习一会儿，便将他晚上学习的时间延长到11点半，而早晨5点就要起床。在学校里，每天要上13节课。课堂上他总是不停地打哈欠、打瞌睡，整天昏头转向，学习效果非常糟糕，而且视力严重下降，最后不得不戴上近视眼镜。

古人说：欲速则不达。望子成龙、望女成凤是大多数父母的心愿，可是身体是学习的本钱，父母要在关心孩子身体健康的前提下，帮助孩子合理安排学习时间，并适时让孩子停下来休息一下，才能保证孩子有效率地学习，孩子才有希望实现自己的梦想。

小辉是一位上小学的孩子，每天清晨他都极不情愿地从被窝里钻出来。就算是周末，他也必须早起，因为他的父母给他报了特长班。一个周末的早上，小辉一边啃着面包，一边小心地问母亲："妈妈，今天晚上我能看会儿动画片吗？"看到妈妈还未作答，小辉又急忙补充道："我的作业全都做完了。"当妈妈点头表示赞许时，小辉开心地欢呼起来。

一天中午，刚刚上完美术课的小辉和妈妈一起吃肯德基。"妈妈，回家后看看我今天画的蜡笔画。"小辉边吃边向妈妈"汇报"。"画的是气球，回家拿给你看。"难得的午休过后，小辉又要去上数学特长班。朋友和同事曾劝小辉的母亲给他多一点休息时间，但小辉的妈妈无奈地说："我知道孩子这样太累了，可这些课真的很有用。学过奥数后，上数学课就轻松多了。"

忙了一整天的小辉一回到家就迫不及待跑到电视机前看动画片。刚看了没多长时间，妈妈又催小辉回房间做作业。

一次放学回家，小辉和妈妈走到家门口，看到几个小朋友正在踢球，小辉的脸上露出了羡慕的表情，他央求道："妈妈，让我和他们玩一会儿球吧？"妈妈否定了小辉："做完作业再来踢球。"小辉赶忙对那些小朋友说："你们等我一会儿，我马上就来。"可是一个小朋友摇了摇头道："我们也只能玩一会儿，等下还要回家写作业呢。"多次商量无果后，不情愿的小辉只好跟着妈妈回家了。

正值童年的孩子，本是天真烂漫、活泼好动的年龄，而有的父母却把他们整天关在房间里，把他们束缚在书本上，他们甚至连基本的休息时间也得不到保证，这对孩子的健康成长是不利的。

面对孩子在学习上的不堪重负，父母有这样两种常见的态度。有些父母认为应该多给孩子们一些休息和玩的时间，毕竟孩子正在长身体的阶段，健康快乐地成长是最重要的。而有的父母则认为，现在的苦是为了孩子将来能考上好大学，这些都是值得的。然而，许多父母内心非常矛盾，既想让孩子轻松一点，又希望他们成绩不要落在别的孩子后面。

事实上，孩子学习之余的生活本可以丰富多彩。只要父母抱着尊重孩子的心态，给予孩子理解，让孩子学会做自己的主人，积极让孩子参加各种有意义的活动，提高孩子的综合素质，不只是一味的学习，这样孩子才能在将来的竞争中处于领先地位。父母应尊重孩子的选择，多给孩子一点休息时间，让孩子在劳逸结合中快乐地学习，快乐地生活。

专家谏言：

孩子是祖国的花朵，是国家未来的栋梁。虽然每个家长都希望让孩子有好的成绩，但也不要忘记孩子身体的重要性。俗话说，身体是革命的本钱，而对于正在发育的孩子来说，关注孩子的健康和成绩是同样重要的。要做到让孩子劳逸结合，在玩耍中体验的学习的重要性，在兴趣中培养起学习的乐趣。只有这样，孩子才会去主动学习，而也不会因为身体耽误了学习。

家风，最美的教育是传承

掌握要领，家长不必为孩子吃饭烦恼

> 一粥一饭，当思来处不易；半丝半缕，恒念物力维艰。
>
> ——朱子

在古代或老一辈人的家庭里，每次吃饭时，都是家中最长者居中而坐，而长者不动筷子则谁也不能吃饭。当时的孩子众多，但每一个孩子也都会端坐凳上，一动不动，等到最长者动筷后才开始食用。这就是一种家风。而在现在的社会中，别说长辈是否动筷了，很多家长都开始为孩子不好好吃饭而头疼了。不少家长反映，不管是价钱多贵的果蔬肉类，做得味道多好，孩子都提不起吃的兴趣。就算是把孩子强行摁到饭桌上，他也不好好吃，吃的话也吃不了几口。这就是为什么我们经常会看到一些家长拿着碗追孩子喂饭的原因了。

佳佳从小就不好好吃饭。吃饭的时候，她总是分心做别的事情，每次都要妈妈催上半天才勉强吃两口。而且佳佳并不像其他孩子那样规规矩矩地吃饭，餐具成了佳佳的玩具，佳佳常常玩得碗也打了，勺子也碎了。

为了能让佳佳乖乖地吃饭，妈妈可是费尽心思。一开始妈妈觉得可能是她做的菜不对佳佳的胃口，每天就做不同的菜品给佳佳吃，可佳佳还是对美味佳肴提不起兴趣。用尽了哄骗、威胁等方法都无效，最后佳佳还是不能乖乖地吃饭……

严字诀：没有规矩，不成方圆

为了解决孩子不好好吃饭的问题，家长喜欢用哄骗甚至是打骂的方式强迫孩子吃饭，但这样做真的是收效甚微。

要解决孩子不爱吃饭的问题，首先要找出孩子不爱吃饭的原因。孩子不爱吃饭最常见的原因就是因为吃了太多的零食，导致自己没有饥饿感。孩子自制力弱，他们认为好吃的东西，他们就会吃个没完，加上父母没及时约束，孩子的肚子就是在这样的情况下饱了。孩子吃饭不规律，并摄入过多的高糖量的食品，也是导致孩子缺乏饥饿感的原因之一。这样，孩子自然不愿好好吃饭。

专家认为，最让家长哭笑不得的事情就是孩子不吃饭的问题，但无论用什么样的方式，都无异于在逼着孩子吃饭，久而久之孩子难免产生厌食心理，导致孩子更不喜欢吃饭了。所以说，孩子不爱吃饭，问题不在孩子身上，而在于家长没有使孩子养成良好的饮食习惯，没有从小教给孩子餐桌上的家风。

那么父母应如何培养孩子自觉吃饭的好习惯，解决孩子不好好吃饭这个老大难的问题呢？

第一，让孩子养成良好的用餐习惯。

必须让孩子养成吃饭规律的好习惯。饭前洗过手之后就不能再吃其他的东西了；说一些能勾起孩子食欲的话；鼓励孩子不专挑自己喜欢的东西吃，养成不挑食的好习惯；给孩子灌输"比赛吃饭"的理念；吃完饭，学习收拾碗筷……时间久了，孩子就不会再忽略吃饭这件"大事"了。久而久之，孩子也会因为能按时吃饭而产生成就感。

第二，严格控制甜零食的摄入量。

食欲也会因为血糖的高低而受到影响。神经中枢受到低血糖的刺激，机体就会产生食欲。反之，血糖高则食欲下降。如果孩子摄入过多的零食，特别是甜零食，其血糖值就会长时间停留在较高的数值上，食欲自然就不

会太好。

第三，让孩子在愉悦的状态下进食。

吃饭应该是一种享受。吃饭时，家长不要强制孩子吃他们不喜欢的东西，否则孩子的食欲会受到影响。孩子最讨厌在吃饭时和自己讨论问题，因为显得很唠叨，到底是回答家长的问题，还是咀嚼嘴里的食物呢？孩子不喜欢吃时，可以让他离桌，其他人继续愉快地享用。如果想讨论吃的问题可以选择和孩子在饭后交谈。

第四，在孩子的用餐心理上做文章。

用普通的餐具无法引起孩子的饮食兴趣，父母不妨在孩子的餐具上多花点心思。孩子往往喜欢形状奇特、颜色漂亮的食物和餐具，父母可多加留意孩子这方面的喜好。另外，不要一下子给孩子盛一大碗饭，否则孩子还没吃，就会产生自己无法应付的感觉。送到孩子面前的食物，最好要略小于孩子的食量。孩子觉得少，才会吃得香。若是不够吃，他肯定会央求你再给他盛一碗。

第五，别怕孩子饿着。

饥饿的时候人才会产生旺盛的食欲。孩子饿了，平时他不爱吃的东西也会变得特别香。适度让孩子体验饥饿，可使孩子的食欲得到明显的改善。但很多父母生怕孩子饿着，甚至强迫孩子吃东西，其结果往往适得其反。其实，对孩子的食量进行适当调控，有时候也可以给孩子一点儿饥饿感，等到下一顿饭，不用叫，他就会主动要求吃饭了。请放心，这种方法是不会对孩子的身体产生危害的。

严字诀：没有规矩，不成方圆　PART 2

专家谏言：

　　孩子不吃饭的根源往往都是在家长身上。很多家长在平时给予孩子太多零食，或者到了饭点时孩子还玩得忘乎所以，家长往往端着碗筷几乎是央求着孩子去吃饭，让孩子本能地以为吃饭只是为了给父母一个交代，甚至有的孩子会以吃饭为交换条件，让父母答应给他买他想要的东西才吃饭。父母的这种娇宠只会让孩子把吃饭当成"勒索"的条件。要想让孩子形成良好的吃饭习惯，就要有严格的家教，到了午饭时不吃，那就只有晚饭了，晚饭也不吃那就饿一天，当孩子体验到错过饭点就再也没有东西吃的时候，他自然会乖乖地在吃饭的时候端坐在餐桌前。

家风,最美的教育是传承

自省,方可成长

> 君子博学而日参省乎己,则知明而行无过矣。
> ——荀子

高尔基说:"反省是一面莹澈的镜子,它可以照见心灵上的污点。"意大利诗人布朗宁说:"能够反躬自省的人,就一定不是庸俗的人。"曾子说:"吾日三省吾身。"佛学典籍《坛经》有这样一首诗:"身似菩提树,心如明镜台。时时勤拂拭,勿使惹尘埃。"这都是在告诉我们,人要常常自省,养成自省的习惯,才能使自己的心如经常拂拭的明镜一样明亮。自省是人们对自我认识、提升自己、实现自我价值的重要手段。自古以来,每个成功人士,必然是懂得自省的人。因此,我们要注重培养孩子的自省能力,让他懂得时时自省,养成自省的习惯。自省也是优良家风最重要的一环。

曾有孩子这样问父母:"人的眼睛为什么不对着长,这样的话,两只眼睛对看,就能够看到自己的样子,不必担心牙齿上有韭菜屑,以及嘴角的饭屑。"

这个问题问得很有意思,因为不少动物的眼睛是长在两边,所看到的范围比较广;而人就看不到自己背后的事物,被人从身后袭击都不知道。大教育家孔子一语道出真谛:"人苦于不自知。"这并不是说我们的眼睛不够雪亮,其实人的眼睛"明察秋毫",遗憾的是会出现"只见树木,不见森林"的情形,看得见别人脸上的麻子,看不见自己脸上的痘痘。

严字诀：没有规矩，不成方圆

幸运的是，人类发明了镜子。古人说："以铜为镜，可以正衣冠；以人为镜，可以明得失。"但镜子出现以后，人类还是没有自知之明。心理学家曾做过这样一个有趣的实验，用镜子来测试婴儿知不知道什么叫自我。

他们先把一面镜子放在婴儿面前，十天之后，将镜子取走，在婴儿额头上点一个无臭无味的红点。当镜子还没放到婴儿跟前，他并不会用手去摸额头，但是当镜子放到面前后，他一看到镜子中的"身影"，便立刻用手去摸额头，这说明他明白镜中是自己，而且知道自己原来是没有红点的。

如果将第一步省略，看似自己头上有红点，但他不会去摸镜子，因为没有比较就没有判断。

这个实验说明什么呢？当一个人不知道原来自己的样子，就只会顺其自然。但通过照镜子认识自己后，那么一有什么不对就会立刻察觉，而且这种察觉不会因为知道却装作视而不见，他会在镜子前面一直看。可见，一个人拥有自知是非常重要的。

大哲学家苏格拉底说："没有经过内省式思考的生命是没有意义的。"柏拉图进一步解释道：做人如果不懂得内省的话是失败的，道德是通过人的内省实现的。

孩子做事往往比较冲动，他在做一件事情的时候也不会去考虑后果。即使孩子做事时能想一下后果，但由于他经历的事情比较少，思想比较单纯，他的预见能力还是比较弱的。这时候，父母可以帮助孩子预见后果，从而达到反省的目的。

小涛做事总是由着自己的性子，根本不顾及后果。妈妈决定找个机会，让他体验一下苦果。

星期三的晚上，小涛看电视看到了11点还不去睡觉，他完全没有在意第二天的数学竞赛。第二天早上8点他才醒来，慌慌张张地赶去考场参加考试，结果考得一塌糊涂，影响了班级荣誉，老师批评了他。

小涛抱怨妈妈没有及时叫醒他。妈妈说："小涛，你都10岁了，做事应该能想到后果了。你明知道第二天有数学竞赛，为什么头一天晚上不早点休息呢？你应该认真反省一下自己的行为。"小涛觉得母亲说得对，就表示以后自己要注意了。

孩子很少能对自己所做的事情做出正确的预见。为了提升孩子的预见能力，父母除了让孩子体验预见不足带来的危害外，还要多给孩子讲述一些日常生活中的故事或者历史典故，让孩子不用去经历一些事情就能积累经验。而当孩子遇到和我们讲述的故事类似的事情时，他就会依据自己的经验，做出正确的判断。

成长中的孩子常常犯错误，这正是对孩子教育的"黄金时刻"，这时候，如果父母循循善诱，动之以情，晓之以理，引导孩子进行反省，就会取得很好的效果。

小云特别喜欢金鱼，一有空他就把金鱼从鱼缸里拿出来玩儿，母亲看到后没有指责他，而是采取了"冷处理"的方法。

由于小云经常把金鱼拿出来玩儿，鱼缸里的金鱼相继死去，最后，鱼缸里一条金鱼也没有了。母亲仍然没有批评他，也没有再买金鱼。

就这样过了十多天，小云问母亲："妈妈，怎么不买金鱼啊？"

母亲觉得教育孩子的最好时机到了，就反问道："你说呢？"

"是我把金鱼都弄死了。"

"是啊，如果妈妈再买来金鱼，还是会被你弄死，那么妈妈还买金鱼干什么呢？"

"妈妈，我已经知道错了，你买吧，我再也不会把金鱼拿出来玩儿了。"

母亲看到孩子已经认识到自己的错误，就又买来了金鱼，小云果然不把金鱼拿出来玩儿了，而是耐心地照料它们。

严字诀：没有规矩，不成方圆

PART 2

教育孩子反省有很多办法，有的时候用"冷处理"的方法，让孩子去反思自己的行为，当他认识到自己的错误后，心平气和地跟他沟通，就比单纯指责强得多。

让孩子反省的方法有很多，写日记是一种自我认识、自我反思的好方法。父母不妨让孩子养成写日记的习惯，让孩子在写日记的过程中，发现自己的优点和缺点。他在日记中不需要写太多反思的内容，如果他觉得写不出任何内容，就写一条反思总结，这样积少成多，一年也有365条。如果他一天能总结好几条，那么这个数量就会非常可观了。假如他能够把这些缺点逐一改正，他就会成为一个趋于完美的人。

除了写日记，父母还可以帮助孩子建立"自省档案袋"，让孩子反省自己一天当中的行为，把自己的不足之处或者自己做事的一些可取的方法总结出来，写在一张小卡片上，放进"自省档案袋"。每过一段时间，父母就把孩子的自省总结档案卡拿出来，看看孩子的不足之处是否已经改进。如果孩子的某个缺点没有改掉，就把这个缺点所在的档案卡单独拿出来，用红笔标上颜色，交给孩子，让他进一步自我反省。

让经常反省成为孩子的一种习惯，成为孩子生活中不可或缺的一部分，孩子才能有所感、有所悟，进而全面认识自我，不断成长。

专家谏言：

　　孩子犯错的时候，我们加以适当引导，让他懂得自省，他的人格才能不断趋于完善，他的心理才会越来越成熟，人生才会越来越幸福。

PART 3

度字诀：过度保护，即是伤害

"养不教，父之过。"一个家庭的家风教育好坏，全看父母是否能够认真教育子女，是否溺爱子女。现在大多数家庭都是独生子女，父母和老人对于孩子都会有过度的宠爱和保护，但这样不仅不会让孩子明白何为家风、何为中华民族的传统美德，更会让孩子养成自私、傲慢等不良的品性，等到将来走向社会，这些恶习会给孩子带来巨大的伤害。

对于孩子，溺爱等于过度的阻碍

> 父子之严，不可以狎；骨肉之爱，不可以简。简则慈孝不接，狎则怠慢生焉。
>
> ——《颜氏家训》

现在，很多普通家庭的父母都没有意识到，家风构成了孩子精神成长的重要源头，以至于没有重视优良家风的构建与传承，认为家教可有可无，家风可优可劣。有些已经意识到了，却由于对子女过分溺爱，优良的家风也因此被中断，甚至向恶性方向发展，致使多少年乃至几代人坚守下来的优良家风毁于一旦。

有多少家长以爱之名害了孩子？古人说："严厉是爱，溺爱是害。"孩子不应是笼中的囚鸟，而应是搏击长空的苍鹰。古代先哲们早就留下了这样的话，"儿孙自有儿孙福，莫为儿孙作远虑。"但是过了几千年，中国家长还是没有学会适度放手，给孩子一些自己的空间，让他们做自己的选择，孩子的事情家长总是亲力亲为。到了最后，家长只怕留下"富不过三代"这样的长叹！很多家长打着保护孩子的幌子，替孩子做决定，当孩子表达出自己的想法就会被家长的意愿抹杀，孩子就是在这么长久的束缚下变成了一个唯唯诺诺、畏首畏尾的人了。如果家长长期庇护孩子，那么等到他长大独立的那天，他有庇护自己的能力吗，这无形中阻碍了孩子的成长。没有谁能陪谁一辈子，当家长老迈的那天，是否自己的孩子有足够的能力来应对自己的生活？

　　一位母亲在给远方打拼的儿子的信中这样写道："你即将要成长，而母亲却要退到你的身后。"这位母亲深知最好的爱是放手的道理，不放开双手，孩子怎么能靠自己的能力闯出一片天地。有一种爱叫聚合，也有一种爱叫分离，这两种都代表了家长对孩子的疼爱。家长最好的爱，就是培养孩子的独立精神，尽快将孩子变成一个独立的人，这样做的目的就是希望孩子将人生掌握在自己的手里，用独立的人格面对世界的挑战。很多家长认为自己做不到放手。但其实，不断让孩子尝试才是王道，而让孩子按照自己的意愿按部就班就失去了生命的意义，日后他们有什么能力应对社会的挑战呢？

　　因为爸妈工作忙的缘故，小宏打小的时候开始，就和乡下的爷爷奶奶生活在一起。等到他九岁的时候，爸爸妈妈才把他接到了城里。

　　父母看到和自己已经有些生疏的小宏感到万分愧疚。于是，父母怀着对小宏愧疚的心开始了对孩子的溺爱。短短几年时光，小宏从刚来时乖巧听话的好孩子变成了现在耍无赖的小霸王，心情不好的时候就喜欢摔东西、发脾气。

　　父母明白，小宏这样不好。可是想想这些年对孩子的亏欠，父母就都忍了。就是在父母这般溺爱下成长的小宏，后来更加变本加厉、好逸恶劳不说，还常常逃学上网，再后来就索性不去上学了。

　　父母看着小宏变成了这样，感到痛心疾首。为了哄小宏重新回学校读书，他们答应了小宏的要求，买笔记本电脑、手机，父母这样做就像供财神爷一样。倘若父母不答应，小宏就会挖苦父母："你们真抠门！"父母只好任由小宏这么闹下去……

度字诀：过度保护，即是伤害

大多数孩子肯定不会像小宏这么极端，但父母对孩子的溺爱就这么继续下去，那么小宏就将成为这大多数孩子的缩影。现在，你还敢用你的溺爱教育孩子吗？

孩子在家长看来，永远都是长不大的孩子，之所以现在的家长不肯给孩子一些自己做事情的机会，首先是怕麻烦，缺乏对孩子做事的信心，还不如替孩子做了简单；其次，家长从主观上认为孩子不具备单独做事的能力，只图自己省心，却忘记了对孩子能力的培养。其实家长不能按照自己的意愿去让孩子发展，因为孩子早晚都有长大走向社会的那天，就这样一直庇护着孩子，他将来在社会上拿什么立足？该放手时就放手，给孩子腾出一些自由生长的空间，让孩子尝试着独立完成一些事情，这才是生命赋予最好的意义，这样的教育方式才是真真正正地对孩子负责。当然，在"放手"的初期，也需要给孩子一个逐渐适应的机会，完全放手不管无异于断了线的风筝。

在教育孩子的同时，家长还需要注意调节孩子的心理压力。家长的期望值过高也会无形中成为孩子的压力，身为家长，最为行之有效的方法就是对孩子适度放手！期望过大给孩子造成的压力，最终导致的结果就是两败俱伤。做家长的，其实只要脚踏实地，陪着孩子学习，观察他们的长处，给他足够的鼓励和支持，让他在宽松的环境中成长，那就是最大的关怀和爱护了。如果家长总是拿自己的期望来驾驭孩子，就会弄得双方都没有喘息的空间。孩子都有一种力量，当孩子自动自发去学习什么东西时，家长是想拦也拦不了。所以，家长在对孩子教育时，该放手就要放手。当然要有计划地放，并给予适当的扶持，让孩子一步一步慢慢来，家庭教育中对孩子没有分离就没有独立。家长总会有谢幕的那天，请家长们早点把舞台交给孩子。

想要让自己的孩子在人生的舞台上有所作为，就一定要学会放手！孩子对天空充满无限的向往，渴望有一双翅膀去飞翔，家长应该放手让他们去飞翔。给孩子插上一双梦想的翅膀，而不是代替孩子的翅膀，放手让孩子自由翱翔于梦想的天空吧。那样的话，即使将来孩子远离身边，你也不用担心，因为孩子会坚强面对和习惯与家人分离的学习生活。不要等孩子在离开之前，当孩子眼中的泪水表露了自己的弱小和无助的时候，家长才明白自己的教育是不对的，那时候为时已晚。孩子都有自己的特长和想法，家长太多的干涉会让孩子失去方向……因此，家长要正确认识这一点，因为对孩子的认可与肯定，是家长对自己孩子放手的前提。很多家长因为溺爱孩子，做什么事情都怕孩子受伤，所以处处替孩子包办，无形之中等于剥夺了孩子自主学习的机会，孩子缺乏独立精神，长此以往就变得懦弱不堪，这样的人走向社会后以何立足呢？家长都是为孩子着想，怕孩子受到伤害，或者出现什么他自己应付不了的状况，因此很多家长都替孩子决定，所有事情都代孩子去处理，家长这样做看似杜绝了危险，减少了问题，而其实是夺走了孩子自由成长的权利，最后"造就"了孩子的无能，家长应该给孩子自由的成长空间。

　　孩子将来的能力，是在自己动手的过程中逐渐形成的，孩子的自信，也是在自己做事情时培养出来的；父母放手才会慢慢将孩子的独立意识养成，孩子对自我的认识和动手能力都是从实践过程中获得的。上述这些能力都是孩子将来立足于社会的基础，而这些都是在家长充分给予孩子自由成长空间的情况下才可以。当然，家长怕孩子有事情、出麻烦的心情是可以理解的，只要孩子自己在安全的前提之下，家长就应该给孩子发展空间，让孩子自主地去决定自己的人生！

度字诀：过度保护，即是伤害 PART 3

专家谏言：

优良的家风犹如一汪清泉，洁净无瑕，人们争相饮用，而一旦因为溺爱子女，丧失了优良家风，就意味着在清泉中注入了污染物，把原本洁净的清水弄脏了，这样的孩子将来在社会上也不会有人愿意接触，从而阻碍了孩子以后的发展。因此，要想让孩子成才，父母首先要做的就是不要过度溺爱子女。

家风，
最美的教育是传承

过度放纵也是一种忽视

> 一般人教育子女有个重大的错误，就是没有使儿童的精神在最纤弱、最容易支配的时候习于遵守约束和服从理智。"自然"很明智的使得做父母的人无不爱护自己的子女，但是那种自然的爱一旦离开了理智的严密地监视，就极容易流于溺爱。他们爱护自己的子女，这个原是他们的责任；但是他们常常连子女的过失都放纵不管。
>
> —— 洛克

一些父母认为，现在生活条件好了，没道理让孩子受委屈，怎么也不能比别的孩子差。在这种心态下，父母对孩子几乎是有求必应，孩子要什么就给买什么，于是一些孩子拼命追求物质享受，吃的、穿的、用的都是最好的，同时对自己的东西又不珍惜。孩子一旦养成了大手大脚的坏习惯就很难改正，而一个性格骄奢的孩子也是很难有什么作为的。

据调查显示，近年来青少年犯罪率呈上升趋势，不少学生因大手大脚的花钱习惯，以至于最后在走投无路的时候，选择了犯罪道路。这值得我们深思和反思！

教育学家对各位家长如此告诫道：不是孩子的每一个愿望和要求都得得到家长的满足。如果一味满足，这样的爱子方式是错误的。父母们应当

度字诀：过度保护，即是伤害 PART 3

提醒孩子不要光考虑自己，也应该考虑一下家庭的其他成员。这看似简单的道理却常常被各位家长忽视。身为家长，总是想方设法满足孩子的各种需求。不但自己不舍得买点什么，还要将别人的那一份也挪给孩子。这样的父母，有没有想过你孩子的欲望就像是个无底洞。你满足了他这一愿望，孩子马上就产生了下一个愿望。这样无度纵容孩子的做法，深深毒害了孩子的思想。久而久之，孩子会养成目中无人、自私的坏习惯，而且，当他们的愿望无法满足时，他们还可能因此变得意志消沉。其实，过度放纵也是一种忽视。

孩子的物质要求不能都满足，要教导孩子拒绝虚荣心，因为不管怎样都没有最好，只有更好，这样比是比不完的。

一味溺爱孩子，事事顺孩子的意，就会让孩子养成诸多不良性格，因此对孩子的一些不合理要求就一定要拒绝，这样才会让孩子变得懂事起来。

现在，越来越多的家长经常会感叹："我们小时候什么也没有还不是每天高高兴兴，现在的孩子什么都有，却老是不满足。"确实，由于家长们习惯于过问孩子们的物质需要，过分给予子女物质享受，使孩子的性格变得骄奢、自负、贪婪，到头来，想管都没法管了。

其实，我们可以把孩子的心灵看作是一张白纸，毫无瑕疵的白纸，他们的思想、行为还有待父母"刻画"。但人的欲望是个无底洞，小孩子更是如此。本来，孩子还没有经济收入，一些物质需求肯定要靠家长来帮助实现。在这个信息爆炸的时代，孩子通过网络世界将自己的视野拓宽，因此他们有着更强的欲望。而家长们管这些事的体现就是想方设法满足孩子的要求，唯恐被别家的孩子比下去。其实，这种观点是大错特错。过度纵容孩子的欲望，会让孩子养成目空一切的坏心态，在他们日后进入社会后，势必会处处碰壁。

基于上述情况，在日常生活中，家长对孩子的不合理要求不能不管。

不要迁就孩子过分的要求，即便是孩子正当的要求，也要视家庭情况而定，不见得所有都要满足。但是，如何才能做到不对孩子迁就？小孩虽小，可心里明白，自己所依靠、所依赖的就是父母，孩子的心灵是很脆弱的，轻易甚至粗暴拒绝孩子的方式，会对孩子心灵造成伤害。当你准备不迁就孩子的时候，那你一定要想好拒绝的方式方法，使孩子能最大理解自己，让孩子感到家长不是通过干涉自己的自由来管自己，而是自己的要求过分，或者家里的确有困难。让孩子从小就明白克制欲望的道理，培养孩子的抗挫折能力，这对他们日后的成长深有益处。

拒绝孩子的不合理要求是非常有必要的，但也要注意方式、方法，掌握一些方法、策略更是不可或缺。

在拒绝孩子的时候，答应孩子若是条件允许，在其他时候一定会兑现诺言。信守诺言，也会给孩子树立良好的榜样，从中还能让孩子感受到你对他的关爱。还有，家长若是已经察觉出孩子的意愿，并主动代为说出，这样更能增进彼此间的感情，还可以达到互相理解、互相信任的目的。

生活中常遇到的情况是孩子坚持要买新玩具，被母亲拒绝。孩子质问母亲为何刚才替自己买了新衣服，现在却不肯买玩具给他玩？并以哭闹相威胁。母亲可能怒火冲天，当众大骂或给孩子一巴掌，结果孩子在回家路上大哭不止，做母亲的不但十分尴尬，甚至其他家人也会受到牵连和骚扰。母亲在孩子的苦苦哀求下，不如先遂了孩子的愿望，待回家再慢慢教导："你看你的玩具已经多得没处放了，你还要添置新的。阿姨家涛涛的一个小坦克玩好久了也没有换，一件心爱的玩具才是最重要的，比你每天换新的要强。"这种低调处理会出乎孩子的意料之外，会令孩子歉疚，他的脑海中可能会出现另一个他，叫自己以后不要提无理要求。

真正爱孩子不是事事顺他们的意，而是满足他们的合理要求，巧妙地拒绝他们的无理要求，这样才能让孩子养成良好的习惯，并且健康成长。

度字诀：过度保护，即是伤害　PART 3

专家谏言：

　　如果父母对孩子无论什么事总是最终妥协、同意，允许其破坏规矩，自己就会显得很软弱，不坚决，没主见。孩子的行为就会表现出对自己的不尊重，不停地接受孩子破坏规矩，每一次破坏规矩的行为似乎都不无道理，但如果把这些都放在一起，父母就该好好考虑考虑了。孩子们有时就是在父母的妥协中放任自己的。

爱不能代替孩子精神的独立

> 该让每个人竭力保持自己的独立性,不依赖任何人,无论他怎样爱这个人,怎样相信他。
>
> ——车尔尼雪夫斯基

爱子心切人之常情,但这种爱需要正确的方式、方法。如今,有许多家长什么家务都不让孩子做,只要孩子用功读书,所谓"两耳不闻窗外事,一心只读圣贤书",结果导致孩子产生极强的依赖感,自理能力极度匮乏。有的孩子十七八岁了还不会洗衣服、不会打扫卫生、不会做饭,甚至连香葱、韭菜都分不清楚。

据相关研究调查发现,大多成功人士在童年时期喜欢独立做事。而现在有20%的孩子生活不能自理;18%的孩子习惯于依赖别人做事;28%的孩子几乎没有帮父母做过家务;缺少自我保护能力的孩子比例占到了15%。

田田刚考上一所重点中学,因为中学离家太远,就选择了住校。然而进校没多久,田田就感觉自己一天也待不下去了。在家里,她的一切都是由爸爸妈妈照料,从小到大,她连自己的衣服鞋袜都没洗过一次。住校后,田田感觉非常孤独,非常想念自己的家,甚至晚上经常在梦中见到自己的爸妈,醒来后就一个人坐在床上暗自流泪。

田田曾试图让自己感到快乐,逼迫自己将脑中家里温馨画面删除,将自己的注意力全部放在学习上。可是田田无论怎样努力,自己的眼前总是浮现出父母以及家乡同学的身影，于是越发想回家去。

经心理咨询，田田是典型的依赖型人格。具有依赖型人格的人常常深感自己软弱无助，有一种"我真可怜"的感觉，当要自己拿主意时，便感到一筹莫展，不知怎么是好。同时，具有依赖型人格的人凡事都认为别人比自己优秀，比自己有吸引力，比自己能干，还会无意识地倾向于以别人的看法来评价自己。

有这样一句教育孩子的名言："除了阳光和空气是大自然的赐予，其他一切都要通过劳动获得。"孩子的空间要留给孩子，不能让孩子的生活中仅仅只有学习，让孩子自己做主，他们的生活才能精彩起来，这样，孩子才会健康、快乐的成长。

孩子具有依赖型人格，在心理、能力上欠缺独立性，这是一个不容忽视的社会问题。如何让孩子摆脱依赖型人格？

首先，让孩子摆脱依赖型人格，越早越好。一般而言，帮孩子克服依赖习惯，最好从孩子进入小学就开始。每一个孩子对要进入小学读书都会感到很新奇、很兴奋。这时是孩子们人生中的一个很重要的转折点。父母应抓住机会向孩子灌输小学生应该做到哪些方面，因为就是在这个时候孩子最乐意听父母的话，绝大多数孩子在一开始都想成为好学生。

父母应该在这个时候开始引导孩子，让他们知道做一名真正的小学生必须学会做哪些事情，尤其是培养生活上的自理能力和与同学交往的能力。因此，父母必须认真参加学校召开的各种家长座谈会，认真听清学校对家长们的辅导和提出的要求，然后回家认真地指导孩子学会做小学生应该做的事。

比如，一年级小学生应该学会自己整理书包，自己削铅笔，自己穿衣、梳洗、盛饭等。父母要让孩子知道，这些事情都应该自己做。只有这样，才能让孩子成为一名有责任心的好孩子，从而摆脱依赖心理。

其次，对孩子的隐私给予尊重，孩子也需要一些私人空间，不要再把孩子当成是小孩来看待。

李肇星是我国闻名中外的外交部长，他有一个非常优秀的儿子。那么他是如何教育孩子的呢？

李禾禾是李肇星的儿子，他是一名品学兼优的好孩子，在留美期间，从宾夕法尼亚大学以年纪第一名的成绩毕业，后来，哈佛大学工商管理学院又录取了李禾禾。

李禾禾之所以能够取得这么骄人的成绩，完全归功于父母对他的"馈赠"，这份"馈赠"就是父母尊重孩子的私人空间。

禾禾上二年级时，特别喜欢写写画画，常常在本子上写一段小文章或者画几幅小漫画。

李肇星夫妇虽然知道儿子不喜欢别人看他的"杰作"，但是禁不住强烈的好奇心，夫妇俩都想知道儿子在本子上写些什么。有一天晚上，趁禾禾还在熟睡，他俩就找出他的本子来翻看，想不到被突然醒来的禾禾发现了。

儿子立刻很生气地说："你们在干什么？别乱翻我的东西！别动我的书包好不好？这是我的私人空间，你们应该尊重我的隐私权！"

李肇星夫妇立即住手，慌忙之中才看到本子上的一段话："未经本人同意，请勿擅自翻阅！"

夫妇俩顿时羞愧难当，这才意识到：虽然孩子小，但是他有独立意识，也需要有自己的私人空间。

从此，在李肇星家，父母和孩子彼此尊重，之间再没有发生互相干涉的情况。

在李禾禾年幼的时候，家中最显眼的地方常常放着钱。禾禾很听话，从来不乱动爸妈放在桌子上的钱。因为年幼的李禾禾就清楚这是父母的辛

度字诀：过度保护，即是伤害　PART 3

苦钱，也是全家的生活费，在没有父母的授权下，这些钱是不能随便乱拿的。

孩子的物品，李肇星夫妇也不再乱动，即便是李禾禾的房间有时候乱得一塌糊涂，他们仅仅：你的屋子太乱了，该收拾收拾了。李肇星夫妇对此仅做提示，绝不会趁机去打探孩子的隐私。

李肇星夫妇认为，只有把原本属于孩子的空间归还给孩子，尊重孩子的隐私，有自己的选择，他才会自己去努力，他才不会后悔。李肇星夫妇说，这是李禾禾被哈佛大学录取的根本原因，因为他在安全的"自留地"里自由地成长，学会了独立生活。

最后，父母应该从身边的小事入手，用一些基本的为人处事的道理在无形中传授给孩子。

从小在外公家长大的默默，凡事都喜欢依赖别人，默默的房间从来都是乱七八糟的，她自己从来没亲手打扫过房间。妈妈为此事说她，她就敷衍了事，草草地收拾一下，依赖别人的坏毛病没有改变。

有一次寒假，妈妈带默默去她所在的单位。到了单位后，默默被停靠在码头上的起重船吸引住了。"妈妈，那是什么？"默默指着远处巨大的起重臂，好奇地问。妈妈告诉她，那是她们单位的起重船，是获得国家级荣誉的先进船。

当母女俩顺着舷梯走进驾驶舱时，呈现在眼前的是各种明亮的仪表、一尘不染的驾驶舱玻璃、清洁的地板、摆放整齐的船舶资料，这些都令默默惊讶不已。

妈妈趁机说道："你看看，叔叔每天要忙于工作，你眼前的这一切，全都是工作完毕后利用工余时间干的。"默默想到平日自己的表现，禁不住脸红了。

回到家后，默默在日记中写道："今天我看到起重船上叔叔们营造的干净、整洁的环境，感受到他们的敬业精神，我为自己的依赖、懒惰行为而感到羞愧。从今以后，我要向叔叔们学习，从点滴做起，自己的事情自己做，绝不让外婆、妈妈为我操心。"

从那天起，默默每天做完作业，总是认真地把自己的房间、书本收拾得整整齐齐。

由此可见，教育孩子单凭训斥、说教，效果是不大的，父母还应该善于运用榜样的力量。榜样会促使孩子不断地成长、不断地进步。父母的正确引导才能造就孩子的健康人格。父母一定要在细节上把关，在平日里一些看似无形中的举动，将做人基本准则表现给孩子，只有这样，孩子才能在这种潜移默化的环境中学会独立，摆脱依赖。

溺爱孩子的结果只能是让孩子丧失独立精神，长大后没有自理能力。要真为孩子好，就不要对孩子继续娇惯下去了，理性爱孩子，引导他们锻炼自己的独立能力。"淌自己汗，吃自己饭，自己事业自己干，靠天、靠人、靠祖宗，不算好汉。"这句话道出了为人处世的真理，也是我们这些望子成龙的家长们应好好领悟的道理。

专家谏言：

家长需要清楚，过度溺爱是孩子成长过程中最温柔的陷阱。孩子的各方面能力一直得不到锻炼，他就失去了独立、自立的可能。总之，对孩子的爱要恰当，要把握好尺度。既要有博大无私的爱，更要有理智和冷静的爱。家长理智地爱孩子，培养孩子健康的人格和独立性，将使孩子受益终生。

度字诀：过度保护，即是伤害 PART 3

帮孩子摆脱依赖心理

> 我们虽可以靠父母和亲戚的庇护而成长，倚赖兄弟和好友，借交游的扶助，因爱人而得到幸福，但是无论怎样，归根结底人类还是依赖自己。
>
> —— 歌德

现如今，绝大部分家庭都是独生子女，一个孩子身上汇集了全家几代人的关爱。而这样的孩子处于"宇宙中心"的地位。因此，家长们忘记了教育孩子最重要的其实是家风，从老一辈传下来的传统，而是把孩子当成万般呵护的一个"宝"。所以在家里，没有成人一勺一勺地喂饭，孩子就不肯自己进食；没有大人哄着，孩子就睡不着觉；没有大人陪着，小孩子就不会玩耍；起床不会叠被子，不会刷碗，上学忘背书包也怪怨家长。如果家中的孩子出现上述状况，那么无疑你家的孩子的依赖性太强了。有依赖性的孩子，通常都缺乏责任心，遇到一点困难就把希望全都寄托在别人的身上，别人如果无法帮助还会产生怨恨。这样的心理对孩子的成长会起到极其不利的影响。

1989年7月10日，四川省的一位青年从6楼阳台跳下身亡，这位青年是某名牌大学计算机专业的学生贾彭。

在别人眼里，他一直很优秀。从小到大，学习成绩一直名列前茅，每次考试结束后,他都会向老师问这样的问题:"这次咱们班谁排名第二?"因为他坚信,第一名肯定是属于他的。这样的学生自然是深受老师和家长的喜爱。为了贾彭的学业,父母可谓是费尽心血,父母不舍得让贾彭干任何事情,都希望他把全部精力放在学习上。贾彭在父母跟前是名副其实的"衣来伸手,饭来张口"。贾彭不仅对这样的生活没感觉到无所适从,还为此感到沾沾自喜。十八九岁年纪的孩子,本应具备洗衣、做饭的基本技能,但贾彭一样都不会。

1988年7月,贾彭以全县第一、全省第二的优异成绩,被北京某所名牌大学录取,那所大学也是他梦想中的殿堂。全家都为此感到欢欣鼓舞。9月入学时,贾彭怀揣着梦想登上了前往北京的列车。然而入学没多长时间,贾彭就"麻烦缠身",洗衣、买饭这些基本的事情不会做也罢,可他连上课的教室在哪里都不知道,人际交往能力更是一塌糊涂。虽然有很多同学帮助贾彭解决这些生活上的问题,但贾彭还是为此感到苦恼。久而久之,贾彭产生了休学的念头,最后向学校申请,学校也同意了。

次年7月份,贾彭收到了学校寄来的复学通知书。贾彭看着手中的复学通知书感到无比恐惧,因为他不习惯身边没有父母的生活,他没有信心适应父母不在身边的生活,这种思想催生了他轻生的念头,最后他从6楼一跃而下。

贾彭的事例值得我们很多家长深思,是否很多父母在对待孩子的教育问题上,有意无意地替孩子完成了很多本应该是他们要做的事情呢,单单重视了孩子的学习成绩而忽略了孩子的自理能力。我国著名教育学家陈鹤琴先生曾说过:"凡儿童自己能够做到的,应该让他自己做;凡儿童自己能够想的,应该让他自己去想。"这句话应该值得诸位家长深思。

具体来说,在纠正孩子过强的依赖性方面,建议家长从以下角度入手:

度字诀：过度保护，即是伤害

第一，让孩子做那些力所能及的事情，培养孩子的自理能力。

让孩子过上舒适安逸的生活无可厚非，但家长不能忽视培养孩子综合能力的重要性。所以父母一定要将思路转变，孩子能做的事情，一定要放手让孩子去做。美国家长的做法值得中国家长去借鉴：美国婴儿从降生的那一刻起，就独自睡觉；父母培养孩子独立捧奶瓶吃奶的习惯；让孩子在大便椅上学会自己大便；让孩子在保护措施的床上自己玩耍；等到孩子学走路的年龄，就让他扶着车子自己学走路；待孩子长大后，帮助父母处理家务；孩子稍大一些，培养他的挣钱意识；等到上初中的年纪，家里的衣物按洗衣店的价格承包给孩子去洗；18岁以后，孩子基本上经济独立。

第二，父母应根据孩子的能力提出相应的要求。

在制定培养孩子自理能力目标时，要根据孩子的年龄而为。如果设定的目标超出了孩子年龄的承受范围，那么，孩子不但不能达到自理的目的，还会让孩子心理受挫。

第三，面对孩子的依赖心理，需要运用一定的策略。

一旦在孩子身上发现有依赖性的存在，父母就有必要在第一时间纠正。首先要明白是什么造成了孩子的这种依赖性，搞清了缘由，再制定相应的纠正计划。比如，孩子的赖床问题就让很多父母头疼不已，无数次叫孩子起床，可孩子就是无动于衷，最后，孩子迟到了。在对待这样的问题，一位父亲就做得很好，他是对孩子这样说的："你要对自己负责，上学是你自己的事情，迟到了也应该由你自己承担责任，所以请你把闹钟调好，到点了就起床。"当然这位父亲对女儿是很了解的。第二天，女儿听到闹钟声，就马上起床了。这位父亲对自己女儿的秉性很了解，只是通过一个言语上的技巧，就克服了孩子的依赖心理，这位父亲的做法值得很多父母来效仿。

家风，最美的教育是传承

专家谏言：

　　从孩子幼年开始，随着他的生理发展，孩子的活动能力逐渐增强，相应地可开展锻炼孩子的独立自主能力，这个时期是帮助孩子养成良好习惯的最佳时期。父母在不同阶段给孩子设立不同目标，让孩子去完成。当孩子看到自己能完成很多事情的时候，他们就会心生一种成就感和责任感，从而增强自己的独立性。

"残酷"的父母造就独立的子女

> 父母必须让孩子知道，在成长的道路上，不可能是一帆风顺的。成功往往是与艰难困苦、坎坷挫折相伴而来的。
>
> ——芭贝拉·罗斯

关于家风，关于教育孩子，不只在人类有着优良久远的传统，动物界里也有着同样的"家风"。在动物界里，狐狸育子的方法是杰出的。一群小狐狸稍稍长大后，狐狸妈妈便逼着自己的孩子离开家，对那些想要回家的小狐狸又咬又赶，就是不让小狐狸进家门，最后小狐狸们只好依依不舍地开始自己的独立生活。

这种方法看似残酷无情，但却是最理智的教育方式！我们身为家长，也应该像狐狸妈妈对待孩子那样，当孩子到了自己独闯世界的时候，就应该把孩子轰出家门，让孩子独立生活，因为这将会让孩子一生受益匪浅。

小鹏的父母一直以来都对他呵护备至，如今儿子都大学毕业参加工作了，父母还是不肯让他单独居住。一天晚上，小鹏跟母亲聊天，聊着聊着小鹏说："我能有今天，都是您和爸爸的养育所致，我不知该怎么感谢你们才好。"说着，小鹏搬一把小椅子，坐到母亲的前方，拉起她的手，眼里泛着泪光，继续说："有些事我敢保证你是不知道的。妈，如果把我的人生比喻成洋葱头，剥到最后就剩下了你们。"说完，他顿时泪如雨下。

小鹏前后这么一说，可把母亲吓得不轻：孩子今天怎么了，言谈举止，实在太反常了。于是父母慌慌张张地细细观察他的一举一动，怕孩子是生了什么病。但过了好几天，孩子完全正常啊，又放松了警惕。过了一段时间，他们才想起儿子已经多日没有回家，父母这时才若有所悟。原来小鹏为了搬出去住，担心父母不放心自己，所以，所以提前给他们提个"醒"。

由此可见，父母对孩子松开手，这是一件多么难做的事呀！在父母的眼中，孩子再大也是孩子。因此，始终对孩子不放手。很多父母，看着当下好像是松手了，可过不了多久就会下意识地把孩子的手抓得更紧。

其实，孩子成长的阻力就是父母的过分呵护，原本孩子做一些事情是可以的，但是长时间在这样被溺爱的环境中就变成了做不了任何事情。

蔡志忠是著名的漫画家，小时候他的父亲总是让孩子做他自己喜欢的事，而不是按照自己的主观想法给孩子设置一个个目标，然后逼迫孩子去实现。蔡志忠上中学的时候，把大多数时间用来画漫画，因为对漫画的痴迷，蔡志忠的多门功课不及格，甚至面临留级的危机。在那个时候，台北的一家漫画出版社相中了蔡志忠，并邀请他去画漫画。然而蔡志忠不知道父亲的意见，不知能否放弃学业去画漫画。

一天晚上，父亲像往常那样坐在藤椅上安静地看报。忐忑不安的蔡志忠悄悄来到父亲的身后，他小声对父亲说："我，我，爸，我明天要去台北画漫画。"父亲并没有受到这句话的影响，他头也没抬起来，一边看报一边问："有工作了吗？""有了！""那就去吧！"在这一问一答中，父亲始终保持平静的语气，然后继续看他的报纸。

度字诀：过度保护，即是伤害

或许，当年的蔡志忠和他的父亲都未曾料到，那短短的对话，竟然成了决定蔡志忠一生的重要时刻。如果当初父亲不允许蔡志忠放弃学业去画漫画，或许他不会在漫画界取得闻名遐迩的影响。

再回过头来看看我们身边大多数的父母！他们总是喜欢用"爱"的名义给孩子设计好未来的发展路线：从小好好学习，考上重点高中，然后考上名牌大学，找到理想的工作，买车买房，过上幸福的生活……然而，很多时候，这是对孩子的摧残和伤害。一些父母把孩子当成工具，来实现他们没有实现的梦想。他们对孩子灌输了太多自己的主观想法，让孩子变成了他们想要的自己。

爱孩子，应该表现在尊重孩子的基础上，才会让孩子成为真正的自己。如果视孩子如附庸一般，强迫他们去做不喜欢的事情，会让孩子在言听计从中慢慢丧失自己的本色，这样的教育是失败的。蔡志忠先生在父亲的影响下，在教育孩子上有了这样一个信念——让孩子快乐地成为他自己。

一次，因为夫人出差去法国，所以蔡志忠担负起了接送的孩子的任务。那天，蔡志忠开车送女儿去上钢琴课，车到了学校门前，女儿却闷闷不乐地坐在车上，根本没有下车的意思。蔡志忠不明所以，于是问女儿："你怎么显得闷闷不乐呢？"女儿说："我最想学的是笛子，而不是钢琴。可是妈妈却让我学钢琴，因为在妈妈看来，学钢琴比学笛子有用。"女儿刚说完，蔡志忠先生直接开车带着女儿回家了。

显然，女儿还是有些顾虑，她不禁问蔡志忠先生："可是妈妈把4000块学钢琴的费用交了，如果不学钢琴，钢琴学校也不退钱，那该怎么办？"蔡志忠说："那只好算了。"女儿又追问："要是妈妈不同意怎么办？"蔡志忠说："宝贝儿，你的快乐才是最重要的！"

家风，
最美的教育是传承

　　每个孩子都是家庭中的一个平等的成员，父母需要抛弃那种支配孩子、指挥孩子的错误观念，让孩子享受自由主宰自己的权利。父母们请时刻牢记，对孩子的顺利教育，有利于促进亲子之间的感情。

　　人和人是不一样的，别人小孩喜欢做的事情，未必自己的小孩也喜欢、也感兴趣，因此不要强迫孩子去做什么，而要了解孩子的内心想法，摸清孩子的实际情况，让孩子做自己愿意做的事情。对孩子的兴趣爱好应给予充分的尊重，保护孩子的个性，鼓励孩子表现自己的特色；让孩子正视自己，勇敢面对自己的优点和缺点，才能够真正做到正确评估自己，进而才能踏踏实实地去做事情，才能成为真正的自己！

专家谏言：

　　塑造孩子良好的行为习惯，这是家长给孩子最好的人生财富。自古娇儿难成材。"狠心"的家长才是真正爱孩子的家长。

度字诀：过度保护，即是伤害　PART 3

让孩子的好习惯在家长的"懒"中养成

> 不要总是牵着孩子的手走路，而是还要让他独立行走。
> ——苏霍姆林斯基

现如今的家长帮孩子包办了一切，连基本的家务活儿都不给孩子去做。孩子想帮大人分担一些家务，大人便会说："你只要好好学习就可以了，干什么家务活。"

这样做，其实很不明智。如果孩子什么都不做，渐渐地就会疏远这个家，长此以往就会变成一个自私自利的人。父母待到那时才醒悟，已经为时已晚。最好的疼爱是手放开，家长就得"懒"出个水平，让孩子的好习惯在家长的"懒"中养成。

想想20世纪七八十年代，当时的孩子各个都能够干家务，而且孝顺父母。当时的教育和知识的普及远远不如现在，但那时的孩子为何会懂得这么多，而且都能独立自主呢？主要就是因为家风，代代传承，引导孩子要帮父母干活，而父母也会在孩子适当的时候给予他们适当的"任务"，让他们承担起家的责任。这种父母的"懒"成就了孩子的勤劳和独立，但现在，因为家长对于孩子过分的溺爱，这样的家风正在逐渐地消失。

一位母亲说："最近我的身体状况不大好，希望女儿能帮着我做做家务，可说了好几次，她都无动于衷。再三催促，小丫头却说：'我的任务是学习，你让我干家务活，谁帮我写作业啊！再说了，以前不让我干，我现在也不

会啊!'……哎,真挺伤心的。"

有个孩子,从小到大都在父母无微不至的关怀下长大,什么事情都不用她操心。等到进了大学,离开了家,离开了父母,孩子突然发现什么事都要自己做,可自己却什么都不会。记得第一次洗衣服时,她只洗了一件衬衫却倒了半袋洗衣粉。加水后,满满一盆全是泡沫,来来回回洗了二十几次都没洗干净,衣服上还残留着很多泡沫。结果,一件衬衫花了一个多小时才漂洗干净。孩子在心里埋怨父母,为什么以前不教她做,害她在同学面前出丑。

可见,平时父母一定要让孩子多做他力所能及的事,培养孩子生活的自理能力;以免将来大人和孩子都苦恼。

父母千万不要把孩子自理能力这个问题看成是小事,自理能力强否关系到孩子一生的幸福。自理能力差的孩子,遇到困难就会退缩,久而久之就会形成心理上的自卑;而自理能力强的孩子,遇到任何困难好像都难不倒他,因为他对自己充满了信心,他会想尽一切办法来应对困难。

自理能力和其他能力一样,都需要父母从小培养孩子。父母的娇惯是孩子自理能力不强的罪魁祸首。父母太勤快,把所有的事情都打点好了,孩子就只剩坐享其成的分了。孩子什么都不干,自然缺乏自理能力,更不可能自立,这样是很难应对今后激烈的社会竞争的。如此一来,孩子只会贪图享受,势必会为他日后的生活带来苦恼。父母的初衷是好的,可却在无形中毁了孩子的一生。

父母不可能为孩子"服务"一生,学"懒"点,有利于培养孩子的生活自理能力。孩子力所能及的事情就让他们自己去做;孩子力所不能及的事,家长也可以放任不管,借机培养孩子尝试新鲜事物的能力。做个"冷酷"的家长吧,把孩子贪图享乐的习惯"一网打尽"。不要怕孩子吃苦,现在

度字诀：过度保护，即是伤害

孩子吃的苦，是为了日后的幸福。

看看下面这个被儿子肖斌称为"懒妈妈"的"懒"家长是怎样教育孩子的：

肖斌小学二三年级时，妈妈就开始教他洗小衣物。一开始，小肖斌不会，妈妈就坐在旁边教他换水、漂洗。

四五年级了，妈妈开始让肖斌拖地板。看着肖斌将地板都拖干净，脸颊上挂着晶莹的汗珠，妈妈虽然心疼，但却并不表现出来，只是说："儿子，你今天拖的地板，比妈妈拖的都干净。"

肖斌六年级时，妈妈开始让他洗自己的衣服。开始几次，肖斌说累，还抱怨妈妈："爸爸都那么大人了，你还帮爸爸洗，怎么不帮我洗？"妈妈说："你都十二岁了，很快就读寄宿中学了。妈妈提前让你具备生活自理的能力，到时候你才能得心应手呀！至于爸爸，你奶奶说他上小学五年级的时候就能帮全家人洗衣服了！呵呵，男子汉一屋不扫，何以扫天下？"

就这样，在妈妈的引导下肖斌养成了自理的好习惯。上寄宿中学后，他一切应付自如。

孩子不可能永远在父母撑起的保护伞中生活，过度的保护只会让孩子在犯错后不知悔改。与其将全部精力花在呵护孩子平安上，倒不如抽出一部分精力培养孩子的受挫、抗挫以及应对挫折的能力。

生活自理的孩子，将来才能成为一个独立的人。父母应该依照孩子的自身能力，耐心引导孩子，给他们一些自己做事的机会，做得好则给予鼓励。最开始的引导，肯定会遇到很多问题，但孩子慢慢长大后，日后很可能他就是你的得力助手。

家风,
最美的教育是传承

专家谏言：

著名教育家陈鹤琴先生提出：凡是孩子自己能做的，应当让他自己做。其实，要想使孩子在人生的道路上走得更稳、更健康，为人父母者不妨"懒"一点。当然这个"懒"，应该在"有心"的基础上。

度字诀：过度保护，即是伤害

不能自立，孩子永远无法长大

> 赖其力者生，不赖其力者不生。
> ——墨子

"我想让我的孩子离我近一些，不想让他离开广州半步。但孩子理想中的大学又不在广东，这可让我如何是好。"这是一位单亲母亲向某报的热线哭诉。在热线中，这位母亲的"分离焦虑"体现无遗。每年高考后都有很多父母为孩子的事苦恼着，一方面怕孩子考不好，一方面又怕孩子考好了到远方去上学，在生活上照顾不了自己。一位工作经验非常丰富的老师认为，"虽然家长担心远方的环境会让孩子无所适从，但实际上是家长离不开孩子的心理在作祟。"

心理学界的专家认为，父母对孩子的"依赖症"，同样也需要一个"戒除"的过程。孩子迟早要远行，父母必须在情感上与孩子"断奶"，早日让孩子学会走。对于孩子来说，在他很小的时候，他觉得父母是最可靠的安全屏障，能够保护自己免受一切打击与伤害。而且在很小的时候，幼儿确实需要在这样的心理安全网的保护下，逐步建立起自信与自卫能力，最终脱离父母的安全网，成为一个有心理防护能力、有独立性的人。因此对一个幼童来说，出现十分依恋父母，离开父母就心神不定的情况是正常的。但是随着年龄的增长，这种现象应当越来越减少，否则就是父母不肯放手，或不懂得放手。其实，待孩子稍大一点，可以让孩子到亲戚家，走出走向独立的第一步。

艳艳长到近四岁，一直没离开过母亲。一天，外婆带着孙女甜甜来到艳艳家做客，待了几天要回去，艳艳家离外婆家有几十公里。期间，艳艳和甜甜玩得很好。临走时，甜甜热情地邀请艳艳去她家玩，艳艳非常高兴地答应了。艳艳的母亲是位很开明的家长，知道女儿迟早有一天要走出去，不如顺便也给她一个锻炼的机会，因此对女儿很支持。在去之前，母亲对女儿说："妈妈不会跟你一起去，要是想妈妈了，可以打电话给妈妈。还有，这次去了妈妈不在你身边，晚上有外婆陪你睡觉。"艳艳高兴地说："好"。母亲把她们送上车，艳艳坐在座位上，愉快地跟母亲挥手再见。看着渐行渐远的车影，母亲还是有点小小的担心，不知女儿会不会对陌生的环境感到不习惯。

当晚，母亲就给艳艳打了电话，可艳艳在电话那头没有表现出一点不适应的状态来。倒是母亲觉得心里空落落的，现在忽然少了个小人儿在身边叽叽喳喳，屋里安静得有点不适应。转念一想，不是希望女儿能顺利地走向独立，能离开母亲的羽翼吗？

次日下午，母亲又给艳艳打电话，艳艳说外婆出去了让她感到有些不习惯。艳艳又问母亲怎么让她在甜甜家呆这么久，一点接她的意思都没有，说着说着还哭了。

母亲安慰艳艳："外婆很快就会回来，你需要一点耐心。你过几天就能见到妈妈了，在这期间艳艳如果想妈妈了，就给妈妈打电话呀。这不是妈妈现在就陪着艳艳说话嘛。这是你第一次离开妈妈，表现得很好，这么坚强，艳艳是真的长大了。妈妈要把这件事情好好记在日记本上。"

听母亲这么说，艳艳开心起来，跟妈妈在电话里说了半个多钟头，说了她在乡下外婆家见到的很多没见过的东西和事情。

讲到这些新奇事物的时候，艳艳马上转变了语调，再也没有哭腔而是发出阵阵的笑声。母亲问："觉得在外婆家的生活怎么样？"艳艳愉快地说：

度字诀：过度保护，即是伤害

"我每天都特别高兴。"

最后要挂电话说再见的时候，艳艳非常愉快和轻松，完全没有心慌了。母亲放下电话，感觉一阵轻松，女儿成长得很好，可以离开母亲了。

这个母亲的做法是很好的，她让孩子离开自己，孩子不会感到自己是被迫的、痛苦的，感到压抑的那种，而是自愿的、轻松的、愉快的。孩子对母亲只是想念和依恋，而不是依赖，一直以来，母亲给女儿的都是宽松的爱、最大限度的自由，建立了稳固的安全感，这一切都取得了积极效果。

孩子的内心都有一种积极向上的心理，如果孩子想要自己独立地完成某件事，家长就应尊重孩子的意愿，不要插手，相信孩子，让孩子自己慢慢地去做，给孩子锻炼的机会，不要总是对孩子说"你还小""你不懂"诸如此类的话。孩子的成长速度远远超过成人的想象，很多成年人认为孩子完全没有能力做到的事情，孩子可能做得游刃有余。因此，父母应当懂得放开手，让孩子去锻炼自理能力。

自食其力的孩子小的时候便极具责任心，能够替父母分担很多东西，等到长大进入社会之后，肯定可以具备较强的个人能力，在社会中做到游刃有余。

父母陪不了孩子一辈子，未来的路还得他自己去走。既然孩子的人生路迟早要自己走，父母就要想到这一点，为孩子将来能走好自己的人生路，现在就多一些准备，多创造一些机会，去亲戚家就是一个很好的锻炼机会。像文中的外婆，也是孩子很亲密的人，去外婆家就是一个不错的选择，也是为孩子能走向独立进行一个良好的过渡。

需要注意的是，送孩子到亲戚家，也要抓住时机，最好是孩子愿意去，特别是主动提出来时，再让孩子去会好一些。切记，不要把孩子强行地送到亲戚家，逼着他独立。这样会让孩子感到痛苦和焦虑，时间久了，孩子

会变得木讷。平时要给孩子无条件的爱、最大限度的自由，相信他，真到放手时就能做到。这样孩子才能真正成为自由翱翔于天际的"雄鹰"。

专家谏言：

缺乏自立能力的孩子是永远也长不大的。一个人如果在他的幼年时期事事依赖他人，没有自食其力的能力，那么他在进入社会之后往往会无所适从，更难以取得大作为。

PART 4

磨字诀：没有风雨，何来彩虹

每个人都喜欢舒舒服服的顺境，而不喜欢逆境。尤其是现在处在蜜罐中的孩子，不愿意经受一丝苦难家长更是为孩子撑起了多重保护伞，生怕自己的宝贝遭遇逆境，受苦受累。

　　其实，让孩子面对磨难，经受挫折，在逆境中锻炼自己，才是中华民族一直传承下来的优良传统家风。对孩子来说，一味生活在顺境中不见得是件好事，这样的孩子经不起一丝的苦难挫折。逆境是人类灵魂得到升华的地方，它可以磨练人生，增长才干。

磨字诀：没有风雨，何来彩虹 PART 4

不经历风雨，怎能见到彩虹

> 挫折教育并非只是让孩子过过苦日子，干点苦活，挫折教育的重点在于，培养孩子直面挫折的坚强品质。
> ——刘大伟

挫折，是事情超出预期时的一种心态和感受。每个年龄段的孩子都会有不同的挫折经验，同样在挫折面前的表现也不同。在中华传统文化中，挫折教育一直是家庭教育中不可缺少的一种家风。

人生在世，难免遭遇挫折。对年纪小的孩子来说，失去最想玩的玩具，或是想吃零食的时候妈妈却加以阻挠，这些都可导致他挫折感的形成。小孩子通常是通过哭闹或是发脾气的方式来表现挫折感。而当孩子年纪大一点，他们挫折感的来源就不一样了，他们遇到那些和自己预期的不一样的事情发生时，会更加表现出生气、沮丧等多种负面的情绪。

挫折对于孩子而言是无法避免的。既然挫折是无法回避的，家长就应该培养孩子面对挫折和走出挫折的能力。那么，什么样的方法才能帮助父母引导孩子走出挫折呢？适当的挫折教育就是最好的方法。挫折是一种财富，是成功必然经历的阶段，因此，父母必须指导孩子学会直面挫折。

培养孩子自信时最需要注意挫折教育的方式方法。家长在孩子遭受挫折时没能给予正确引导，孩子就会丧失信心，遇事变得软弱。家长要合理地引导孩子，让他们学会坦然面对挫折，培养对挫折的承受力和意志力。

但也不要让孩子太轻易成功,如果总是成功,孩子会觉得自己比别人都强,结果导致孩子自大自负,目空一切。

大多数孩子遭遇挫折后很容易产生消极情绪,面对挫折他们往往选择的是逃避的方式。比如,有的孩子在大考当天忽然就会拉肚子或发烧,这种孩子都有一个错误的逻辑,怕受挫折,害怕失败,他们认为放弃就不会失败。能改变这种情况的惟一手段就是父母在孩子遭遇挫折时,应当教育他们要勇敢面对挫折,要有战胜挫折的勇气和信心。与此同时,父母还要叮嘱孩子不要担心失败而畏首畏尾,要放心大胆地去干。失败一点也不可怕,也没有什么大不了的,失败了可以再来。

父母要引导孩子在不断的失败、不断的挫折中磨练自己的意志。当孩子在不断的困难当中经受磨砺并战胜困难,他们的勇气会因此而得到激发,战胜困难的欲望也就愈发强烈。这样,恐惧心理也就随之消失,而自信心也会随之越挫越勇,这时的孩子已经完全具备了抗挫折的能力。

心态决定一个人的命运,一个人具有良好的心态就具备在任何环境和条件下生存的能力。那些在逆境中成长起来的人往往比常人更加具有竞争力。

美国著名心理学家特尔曼教授和他的学生柯克斯博士曾对300多位伟人进行了分析与研究,通过研究他们发现这些伟人无一例外都具备了积极乐观的性格。对于青少年的成长来说,积极乐观的性格对他们的影响是巨大的,但是人的性格是在后天的环境中逐步形成的。从实践中能逐渐培养出良好的性格来,同样,实践也能培养出不良的性格。

有这样一个故事:

一个背负沉重行囊的年轻人不远万里来拜访无愁大师,他说:"大师,我很孤独,经过长途跋涉,我现在已经是疲惫不堪了;因为鞋坏了,我的脚也被划伤了;手上被划出很多道口子,血流不止;嗓子也变得嘶哑,为

磨字诀：没有风雨，何来彩虹 PART 4

什么心中的太阳还是不能被我发现？"大师问："那你为什么不放下你的包裹呢？"青年说："这个行囊对我来说太重要了。里面装满了沿途所有的痛苦……也正是因为它，支撑着我找到了您。"

大师将这个年轻人带到河边，并划船渡过了这条河。上岸之后，大师对这个年轻人说："这条船归你了，你把船扛上赶路吧！""我的天呐，怎么会扛着船赶路呢？"青年人感到万分惊讶。大师微笑着说："是的，孩子，你怎么可能扛动它呢？船在我们渡河时是有用的。但过了河，我们就要弃船而行。否则，我们背着这条船上路的话，它就会成为我们的累赘。痛苦、孤独、眼泪、灾难都能提炼我们的人生，让我们从中受益，但要是紧紧抓住这些痛苦不放，它们也就成了我们人生中的包袱。学会放下吧！孩子，生命中不能有太多的负重。"听完大师说的这些话，年轻人有了感悟。正如大师所说，人生的旅途中不必背负太多。

教育孩子的过程也是一样，我们一定要时刻提醒自己也帮助孩子放下那些不必要的负担。教育孩子不要因为小有成就就骄傲；也不要因为遇到困难而打退堂鼓。因为这两种情况都会造就孩子骄傲和悲观的性格。从孩子现阶段的性格来看，家长们应该对孩子的性格有一个明确的认识，"性格可塑"这个道理必须要明确，这样才能培养起孩子积极乐观的性格。

对于孩子成长阶段最为重要的就是塑造孩子的性格。孩子小的时候我们可以给他们提供温暖的住所、美味的食物，但是孩子终究必须独自生活。如果孩子缺乏独立生存的能力，最后只会是被社会抛弃。因为社会同自然界一样：物竞天择，适者生存。所以，我们的孩子一定会在成长中遭受挫折。我们要帮助孩子及时化解那些因为挫折而产生的种种悲观情绪、不良情感或心理障碍，这样就不会导致悲观性格的形成。孩子能够形成乐观的性格往往取决于父母对他的态度。

每一个未来可能会大有作为的人都是把命运掌握在自己手里的人。孩子遇到了挫折就容易产生逃避情绪，父母一定要教育孩子面对挫折时要鼓起勇气，要有战胜挫折的信心。要让孩子明白一个道理，人生中的困难只是暂时的，一次失败不代表一生失败，一定要鼓励和引导他们相信自己，通过自己的努力和坚持能够战胜一切困难。

很多父母持这样一种观点，他们认为越是年龄小的孩子，其心理承受能力就越弱，所以不敢让孩子遭遇过多的挫折。其实，挫折对孩子而言还是有帮助的。能够经得起挫折并能战胜挫折的孩子，往往从挫折中塑造了良好的性格，同时还提升了他们实际应对事物的能力。所以，家长有义务让孩子对挫折有个清晰和正确的认识，继而引导孩子正确面对挫折，父母也可以将自己曾经遭遇挫折和战胜挫折的经历告诉孩子，进而用这些事例暗示和引导孩子战胜挫折，培养他们面对挫折的勇气和信心。

培养孩子一些独立生活的能力，让他们自己能够很好地分析问题，解决问题，这就是挫折教育的出发点。专家分析称，培养孩子的独立生活能力和抗挫能力的属性是一样的。没有谁的人生会一直是坦途，太多的事实在告诫父母们，要想让孩子获得更幸福、更有价值的人生，就必须培养孩子良好的心理素质。就像歌里唱的那样：不经历风雨，怎么见彩虹！

专家谏言：

叔本华说过："事物的本身并不影响人，人们只受对事物看法的影响。"一旦孩子受到对事物看法产生的影响，那他们的生活就会发生巨大的变化。心态可以影响孩子在未来的道路中如何看待事物，可以影响他们的认知程度和结果。只有真正积极的人生态度能帮助孩子最终战胜生活中遇到的各种问题，能帮助他们更好地发掘自己的潜能，走上成功的道路。

适当的压力可激励孩子进步

> 钢是在烈火和急剧冷却里锻炼出来的,所以才能坚硬和什么也不怕。我们的一代也是这样的在斗争中和可怕的考验中锻炼出来的,学习了不在生活面前屈服。
>
> ——奥斯特洛夫斯基

玩过篮球的人都知道,拍篮球时,如果用的力气越大,篮球就会跳得越高。这就是"拍球效应"。它的寓意是说一个人如果承受的压力较大,他的潜能就会发挥得较高,反之,如果承受的压力较小,潜能的发挥程度也就较低。压力较小,人会处于松弛状态,潜能发挥不出来,因而工作效率低;当压力逐渐由小变大时,压力会转变成一种动力,激励人们努力进取,迎接挑战,因而提高了工作效率。当然,人对于压力的承受力也是有限的,如果压力大到超过人的最大承受力,它就会变成阻力,效率也就降低。只有压力约等于人的最大承受能力时,人的潜能才会发挥得最好,效率也就最高。

根据科学研究表明,我们想要保持良好的状态需要适度的压力来刺激,这样一方面不仅有利于我们挖掘自身的潜能,还能将自身的生活品质和整体效率提高。举例来说,运动员们在比赛前,往往都会给自己适当的压力,将自己的状态调整到适度紧张这个"档位"上,这样才能让自己处于最佳状态,赛出最好的水平;而如果给自己太大的压力,则连平时的水平都发挥不出来。还有就像那些参加考试的学生们一样，如果在考场上感受到适度的压力，他们就能充分调动自己的大脑，把之前储备的知识发挥出来，考取好的成绩。可见，适度的压力对于挖掘人的潜力资源、促进社会发展进步，具有非常积极的意义。

有一位老船长在返航途中遭遇了巨大暴风雨。水手们为此感到惊慌不安，唯独老船长表现得很镇定，他命令众水手们打开货舱，让水涌进货舱。

"船长这样做不是在自寻死路吗，时间一长船就沉入大海了？"一个年轻的水手向其他的水手抱怨道。

感觉到老船长的严厉与坚持，水手们不敢怠慢，赶紧把货舱打开，海水不断地灌进来，这时货舱里的水位越升越高，船也在一寸一寸地下沉，外面依旧狂风骤雨、巨浪滔天，可是船逐渐变得平稳了。

老船长松了一口气，对年轻的水手们说："百万吨的大轮船很少能被风浪打翻，被打翻的往往是轻飘飘的小船。其实，船在负重的时候最安全；如果船很轻，没有载重，往往最危险。当然，船的负重由它的承载能力决定，想要抵挡暴风骤雨的袭击，还得依靠适当的压力才行，如果负重超出船所能承受之重，那么它就会像你们担心的那样，消失在海中。"

"拍球效应"的作用在上述这则故事显现无疑，正是因为船有了适度的压力，才得以人船幸免于难。我们的生命就像这条大船，如果没有一点压力，得过且过，往往会在人生的狂风大浪中被打翻。如果负荷过重，虽然不会被风浪击倒，有可能沉没。同样，孩子的成长也要遵循"拍球效应"。在孩子的学习生活中，如果承受的压力过小，长期处于松懈状态，学习成绩肯定不会好；如果承受的压力过大，长期处于紧张状态，效率就会越来越低。

因此，作为家长必须科学运用"拍球效应"，采取有效的措施，既不要给孩子过大的压力,对孩子设置过高的目标,提出过多的要求,也不要给孩子过度的自由空间,放任自流。父母要正确地指导、帮助孩子,给孩子适度的压力,让孩子学得愉快、学有所成。

有些父母会说:我并没有给孩子设置高标准、提过分要求,我只是对他关心而已。殊不知,对于孩子来说,过度的关心也是一种压力。孩子的内心非常敏感,由于身心发展不成熟,他们不懂得如何处理外来的压力,只会把父母的关心转变成自己内在的期望值,这样子反而把自己弄得更加紧张。一旦发挥失常,他们内心无法原谅自己,很容易钻牛角尖,继而产生自卑、消极、逃避的心理。

从前有一个小和尚,一天,庙里的厨师让小和尚去山下打油,在给了小和尚钱和油碗之后,厨师一遍遍地警告小和尚:"你要加倍小心才是,碗里的油不能洒出一滴来,不然回来罚你做一个月的苦力。"

小和尚边答应边接过东西,心惊胆颤地出了寺门,下了山。打好油后,小和尚小心翼翼地捧着碗,踏上了回寺的路。一路上,厨师严厉的表情和告诫萦绕在小和尚的脑海之中,每一步都走得不是很安稳。

眼看就要到寺院门口,没想到小和尚一不留神,落脚不稳,手中的碗一倾斜,油顿时洒掉了一半,他紧张地手脚直发抖,心想等见到厨师时,一定要挨骂受罚了。

厨师果然很生气,他怒不可遏地训斥小和尚:"反复交代你那么多次,一定要小心,居然洒了这么多油!罚你做一个月的苦力!"

小和尚难过得哭了起来,这时恰巧方丈经过,他了解事情的原委之后,慈祥地擦了擦小和尚的眼泪,对他说:"你现在再次下山一趟,还是去打油,不过这次,我要求你多留心路上的事物,回来要和我描述一下。"

小和尚端着碗再次下山打油。在回寺的路上,他遵照方丈的嘱咐,细心地观察路上的风景:迷人的梯田,雄伟的山峰,耕作的农夫,嬉戏的孩子,

还有白发苍苍的老人在路边下棋……

就这样,小和尚不知不觉地回到了寺院。当把油碗交给方丈时小和尚才发现油居然没洒出来一滴。

原来,厨师严苛的嘴脸,让小和尚压力过度,紧张兮兮的小和尚最终还是在寺院门口把油洒了;而方丈的"观察任务",让小和尚自然放松,结果碗里的油一滴没洒。

同样,父母教育孩子也是如此,父母可以对孩子有要求,但千万不要给他们太大的压力。孩子只有心情放松地学习、生活,才能做到"一滴不洒"。事实上,尽管孩子的年龄小,可他们是一个独立的人,有自己的意识、判断,他们希望得到尊重,希望自己的生活自己做主,所以家长应该给孩子充分的自由,让他们自己设定生活目标,父母在一旁给予指导和帮助,千万不要本末倒置。当然,做到这一点并非易事,需要父母对孩子的综合素质和心理承受能力有一个正确的评估,同时改变"压力越大,效率越高"的错误观念。多方面观察孩子、了解孩子,从孩子身上找到一个"黄金分割点",以此为标准。孩子压力小时就适度增加压力,孩子压力大时就为孩子减小压力。

与那些过度施压的父母不同,有些父母教育孩子时,总担心孩子承受不了压力,所以对其放松要求,甚至没有要求,对孩子的学习、生活听之任之,其实,这种教育方法也存在一种误区,如绝对的高压会导致教育失败一样,绝对的宽松会耽误孩子的前程。

人们常说:"井无压力不出水,人无压力难成器。"的确,孩子需要父母的支持,如果父母寄予孩子一定的期望,给孩子适度的压力,孩子会感受到父母的关爱和鼓励,在建立自信心的同时,把它们内化为前进的动力,这对于挖掘孩子的潜力大有益处。

科学研究表明,人只有5%的潜能得到了开发、运用,剩下的潜能还

磨字诀：没有风雨，何来彩虹　PART 4

有待开发。适当的压力能够调动孩子的积极性，让他们变得更自信，激发孩子无穷的潜能，锻炼他们的能力。

所以，家长们要适度地给孩子增加一些压力，按照成长的不同阶段进行调节，使孩子在张弛有度的环境中茁壮成长。

首先，父母要给孩子合理的期望。孩子的压力就是父母的期望值，压力的大小取决于孩子父母。如果期望值过高，不切实际，孩子的自信心受挫，开始怀疑自己、轻视自己，产生失望情绪，放弃努力，最后自暴自弃。如果期望值过低，对孩子不予理睬，孩子会放松心态，变得消极颓废，缺乏上进心，自甘落后。因此，家长要根据孩子的实际情况来确定自己的期望值，孩子稍加努力后就能实现的就是最好的期望值。

与此同时，有了恰当的期望之后，孩子需要一步步地实现它。俗话说："一口吃不成大胖子。"父母千万不要急于求成，要调整自己的心态，只有自己先平静起来，这样孩子才能够轻松。父母不要要求孩子一步到位，留给孩子喘息的空间，让孩子脚踏实地、一步一个脚印地往前走。

其次，施压的同时，给予孩子相应的支持和鼓励。实际上，孩子的承受能力很多时候取决于家长的支持和鼓励。如果孩子的成长既没有压力也没有支持，他很难有什么出息。因为他没有足够的压力推动他前进，没有相应的支持鼓动他努力，他的潜力发挥不出来。除此之外，孩子处于高压而又缺少支持的情况下，结果将会是一事无成。假如孩子处于低压且支持巨大的情况下，结果还不是很乐观，孩子会变得沾沾自喜、好高骛远，根本不可能成功。

孩子的成长需要压力，同时也需要父母的支持。适当的压力与支持，可以让孩子在前进的过程中有勇气、有信心地接受挑战、战胜困难。对孩子的支持不一定表现在具体某件事情上，而是用恰当的方式让孩子感受到父母的关爱，例如，温和的语气，身体的接触，向孩子传达关心，缓解孩子的压力，帮助其建立自信。

另外，父母一定要明白：施加压力不是虐待心灵。父母给予孩子适当的压力是正确的，但是这和虐待孩子是两码事。在我们周围经常发现，父母为了让孩子进步，采用讽刺、挖苦、嘲笑、威胁，甚至恐吓的方式，事实上这是对孩子幼小心灵的摧残，这种做法会给孩子的心理造成巨大创伤，孩子时时刻刻处在对自己的否定当中，觉得自己一无是处，久而久之，性格会变得自卑、内向、焦虑、压抑，心灵会发生扭曲、变态。这样别提什么提高学习成绩了，就连基本的身心健康都得不到保证。

父母应该给予孩子足够的爱和尊重，关心孩子，理解孩子，以平和的心态、温和的语气与孩子相处，和孩子交朋友，一同分享欢乐，分担痛苦。这样孩子的表现会与以前大不相同。

其实，压力就像空气，没有人能在真空中存活，所以说人的一生不可能没有压力。的确，曲折的人生道路，入学、升学、就业、升迁，孩子成长的每一个足迹都是压力催生的产物。没有压力，人的一生就会平淡无奇。生命原本是丰富多彩的，任何人都不愿意自己的生活一成不变。因此，父母要让孩子懂得在尽情享受成功的喜悦时，应当感谢当初令人头疼不已的压力。在品尝一帆风顺的快乐时，也要欣然接受压力带来的痛苦和磨练。

专家谏言：

事实上，压力会伴随我们的一生，任何人都无法避免。人们常说：有压力才有动力。的确，任何一个活在没有压力环境下的人，会很颓废、消极、懒惰，因此很难有进步，如同没有落差的水一样，不会流动。

磨字诀：没有风雨，何来彩虹　PART 4

天才长在恶性土壤中最好

> 瓜是长在营养肥料里的最甜，天才是长在恶性土壤中的最好。
> ——培根

能在逆境中奋起的人，才有资格决定自己的人生。狂风大浪下造就了精悍的水手，硝烟弥漫下英雄辈出。没有逆境，想要出人头地就是天方夜谭。

法国前总统戴高乐曾说："苦难，特别吸引坚强的人。因为他只有在拥有困难时，才会真正认识自己。"是的，几乎每一个杰出人物的成功都离不开苦难的磨练，只有战胜磨难，才可能成功。

球王贝利的第一个孩子出生时，记者向他道贺说："你儿子如此强壮，将来也一定会像你一样成为一名世界级球星。"谁想到球王贝利却做出了这样的回答："动物园里的狮子是不会自己打猎的。我儿子不具备成为优秀球员的条件，因为他现在的生活环境太好了，他不缺乏物质就丧失了竞争意识，而在我的成长阶段，我的家庭是十分贫穷的。"

不经一番寒彻骨，哪得梅花扑鼻香。正是因为贫寒的家境造就了日后的贝利。他对梦想执着前行，为了梦想而努力奋斗，终于在逆境中崛起，最终获得球王的美誉；而他的儿子就像是温室中的花朵一般成长，想要达到他父亲那般高度是很难的。可见，逆境是强者的成才之路。

林肯9岁丧母。22岁经商失败。23岁，竞选州议员落选。同年，工作丢了。想就读法学院，却未被录取。26岁时，未婚妻在准备结婚前不久就撒手人寰；27岁时，因精神问题在病床上卧床长达半年之久；29岁丧失了州议员的发言人的机会；31岁争取成为选举人，落选；34岁在国会大选中失利；37岁在国会大选中获得成功。任职期间颇有作为。39岁时连任失败；40岁被土地局拒之门外；45岁在美国参议员竞选的道路上以失败而告终；47岁，竞争副总统失利；51岁时成功当选美国总统。然而，林肯是美国最优秀的总统之一。

林肯的人生大起大落，一生几乎都是和失败相伴，好在他没有气馁，能乐观地面对失败并战胜失败，在逆境中不断前行的他练就了坚毅的性格，最终在逆境中赢得了成功！

一颗坚定不移的心会让任何一个人战胜困难，最后获得成功。

明代大学士宋濂，出身贫寒，因为买不起书他只好借书苦读，当借到书后他就会做大量的笔记。寒冬腊月，手冻得都伸不出来，但他仍旧坚持做笔记。为寻师求学，他不远百里，不畏严寒，"负箧曳屣，行深山巨谷中"，最后回到家的时候，手脚已经不能活动了。就是在这种艰苦条件下成长起来的宋濂终成一代大学问家。

逆境和每一个人都有着千丝万缕的联系，越不是沃土，越能长出罕见的花朵，能够战胜逆境的人就像是一只翱翔于天际的苍鹰，孤独而美丽。

一位父亲带着儿子去参观梵高的故居，在看过梵高那些破旧的家具后，儿子向父亲提出了这样的问题："梵高不是很有钱吗，怎么住得这么寒酸？"

父亲答："梵高是穷人，他一生连个老婆都没娶上。"第二年，父亲又带着孩子前往丹麦参观了安徒生的故居，儿子又向他发问："安徒生的家不是在皇宫里吗？"父亲答："安徒生生活在阁楼里，他是个鞋匠的儿子。"水手是这位父亲的职业，伊东·布拉格是他的儿子，后来他的儿子成为了美国历史上第一位获普利策奖的黑人记者。

"会像其他黑人一样没有出息"这是这名黑人记者曾经的想法。但是对梵·高和安徒生的人生有了深刻的认识后，他明白了只有自信和勇敢地去实践才能战胜一切困难。

有句话说得好："穷人的孩子早当家。"现如今毕业大军涌向社会后，一时半会难以找到很理想的工作。有些人会选择告别生活和学习四年的地方，回家"啃老"，伺机看能不能有一番作为。还有一部分人，因为家里供自己四年大学已经债台高筑，全家人都指望着自己改变家庭的命运。他们并没有因为找不到理想的工作而选择回家。他们在逆境中挣扎着、努力着，他们大多数人的勇气就由此而来，他们的潜力也因逆境而激发，就是这样他们抱着勇往无前的信念走向了成功。挫折对他们来说无疑是通向成功路上的一个强心剂。也许在多年以后回首往事，他们会感激在逆境中努力的自己成就了现如今的自己，当初因为逆境而退缩的同学现如今却在为温饱而发愁。所以逆境是一面双面镜，你要看到它积极的那一面，很多积极的因素都是因为它而激发，正确看待了逆境也就离成功不远了。

一位商业界呼风唤雨的老板在其四十岁之前一事无成，甚至就连他的结发妻子也看不起他。但他没有因此而放弃自己，他孤身一人投身商界，从摆地摊的生意开始做起，经过十年不断的努力和奋斗，他的身价已经达到了几十亿。

苦难是暂时的，幸福也只是暂时的。人们因为逆境而激发出惊人的能量，虽然在精神和肉体上备受煎熬，但逆境无一例外是人类精神升华的良药。逆境并不可怕，悲哀的是你看不到蕴藏在逆境中的机遇，如果你只看到了它消极的一面，那么你只会看到你的人生就会这么消极地走下去，直至尽头。如果你看到了它积极的一面，那么积极的因素将会带你走向越来越高的人生高度。

总而言之，逆境是人生中一笔宝贵的财富。能战胜逆境的人往往能自如应对一切环境。所以，孩子成长必经的阶段就包括逆境。要让孩子学会怀揣着一颗感恩的心面对逆境。教导孩子明白逆境是提升一个人能力的契机，只有战胜了逆境才能迎来人生中一个又一个的巅峰。

专家谏言：

漫漫人生路，我们脚下的路不可能是一番坦途，难免遇到崎岖和坎坷，遇到这些难走的路时，只要坚定自己的信念，鼓起战胜困难的勇气和信心，我们就能成为人生真正的赢家。

不要剥夺孩子尝试的机会

> 给孩子多多提供尝试机会也是实施挫折教育的有机组成部分。孩子一旦被剥夺了尝试的机会，也就等于被剥夺了犯错误和改正错误的机会，因此也不可能迈向成功之路。
>
> ——舒马赫

让孩子面对挫折，去体验挫折，从古至今一直是我们优良的传统家风。在古代，很多名人大家面对挫折不屈不挠，最后成就了自己不朽的辉煌。就像苏轼的一生，官职几度被贬，漂泊不定，人生的起起落落并没有让他灰心丧气。不论在湖北还是海南，他那颗高傲的心并没有因为命运的多舛而蛰伏，而是支撑着他不随波逐流，正是因为逆境中的锤炼，造就了苏轼的巅峰！

也许，你认为孩子还小，不应该经历挫折，而应该给孩子一片亮丽的天空和顺风顺水的坦途。实则不然，人生中最好的礼物就是挫折。

花腹驼鹿看似和普通驼鹿一样，但它却是非常特殊的一种驼鹿。原因并不只是因为它们生活在西伯利亚的针叶、阔叶混交林中，也不是因为它们生活的这块土地非常寒冷，而是因为它们的腹部有一种非常奇特的花纹，这些花纹呈不规则状排列，看上去非常美丽。

因此它们被动物学家们称为"花腹驼鹿"，也有人叫"西伯利亚丛林勇士"。因为这里的生存环境非常恶劣,在这样寒冷的丛林生存并不是易事，

但是这些花腹驼鹿做到了。

其实,这种驼鹿刚生下来时是没有那些花纹的。那它们腹部的花纹是怎么来的呢?难道是随着年龄的增长逐渐长出来的?当然不是。经过俄罗斯动物学家们的细致观察,才逐渐明白了藏在这些花纹里的秘密。

原来,秋天来的时候,母驼鹿就会带着小驼鹿去丛林里的一个地方。这个地方并不是固定的,这个丛林的随便哪一处都可以。但是,这个地方必须具备一个条件,那就是那里必定荆棘丛生。

来到这样一个地方,母驼鹿就会先跳过这大片荆棘丛,小驼鹿当然会跟随母亲跳过去。但是,因为它们的个子还比较小,跳得不是很高,所以腹部会被荆棘丛划出一道又一道的伤口,鲜血会从伤口上渗出来。虽然划伤还不至于让小驼鹿伤重不治,但是,因为受伤之后腹部疼痛,所以小驼鹿根本就不能采取或躺或卧的姿势休息。一般驼鹿在吃饱了之后都会躺下来歇会儿,但是这些受了伤的小驼鹿不行。为了不让伤口在自己卧倒时被弄疼,它们只得站着。最后的结果是,即使是已经觉得吃得很饱了,小驼鹿还是得站着继续吃下去。

当然,动物学家们很快弄明白了母驼鹿这样做的用意。等到寒冷而漫长的冬季来临的时候,每只小驼鹿都能够在身体里储存足够的营养和能量,来对抗西伯利亚酷冷的严寒。因此,在西伯利亚的丛林里面,虽然每一年都会有各种动物因为身体虚弱、能量不够而被冻死,唯独这些驼鹿不会被严寒杀死。

一般要经历三个秋季,小驼鹿才能够完全成年。而每一年秋天,它们每天要做的,就是跟腹部被荆棘丛划破的伤口作战。它们每天都处在与伤口为伴的状态中。就是这些伤口,经过一次次伤口愈合后形成的伤疤的累积,最后变成了这一地区驼鹿特有的外表——美丽的腹部花纹。

不管是人或者动物,只要是做母亲的,都会疼爱自己的孩子。但疼爱

磨字诀：没有风雨，何来彩虹

孩子不是让他们永远成为温室里的花朵。母驼鹿的做法，虽然让小驼鹿腹部划出一道道伤痕，但如果没有这样的放手，没有这样的挫折，小驼鹿又如何在丛林中生活并茁壮成长呢？因此，只有经过不断尝试，去经历失败，去吸取教训，才能最终获得成功。就像西伯利亚驼鹿的腹部花纹，是通过一次又一次的伤害逐渐获得的。连伤痕都能够变得如此美丽，那么，当我们遇到人生当中的挫折和打击的时候，还有什么好畏惧的呢？

的确，人生不如意十之八九。然而，这也是人生给予的馈赠。人只有在困境之中才能得到锤炼，才能发现自己想要的生活。每一次挫折和伤痛必有其背后的意义。

爱因斯坦说："发展独立思考和独立判断的一般能力，应当始终放在首位，而不应把获得知识放在首位。如果一个人掌握了他的学科的基础理论，并且学会了独立思考和工作，他必定会找到他自己的道路，而且比起那种主要以获得细节知识为其培训内容的人来，他一定会更快地适应进步和变化。思考，思考，我就是用这个学习方法来迎接所有的挫折，并成为科学家的。"

要把孩子培养成具有独立人格的人，必须要让孩子学会独立思考，尤其是当孩子面对挫折和难题的时候。

所以，父母不应该把孩子放在温室中，而应该让孩子历练一番，把挫折和难题还给孩子，让孩子自己想办法处理遇到的难题，使孩子尝到思考的乐趣，增强面对挫折时的信心。

挫折是孩子最好的礼物，聪明的家长应该让孩子独自应对挫折和难题，自己的事情自己去解决。

家风，
最美的教育是传承

专家谏言：
　　没有人能给生活贴上永久顺利的标签，困境总是隔三差五地来轻访你的生活。不同的人会有不同的生活困境，懦者尽尝烦恼，度日如年；畏者胆怯不前，锐气尽失；志者自强不息，在困境中开拓出希望的土地。

磨字诀：没有风雨，何来彩虹

锻炼孩子良好的心理承受力

> 从长远利益考虑，让孩子从小适度地知道一点忧愁，品尝一点磨难，并非坏事，这对培养孩子的承受力和意志，对孩子的健康成长或许更有好处。
>
> ——东方

在这个快速发展的社会里，成长中的孩子会遇到方方面面的压力。比如学习成绩差、考试分数低、升学时发挥失常等，这些都会给孩子带来心理压力。尤其是那些性格内向、家庭离异的孩子，之前有犯错经历的孩子，身体有缺陷的孩子，他们的压力会比其他孩子还要大。所以，培养孩子良好的心理承受力至关重要。

据媒体报道，湖北省荆州市的一名女高中生，成绩向来很好，乐于帮助同学，老师和同学们都很喜欢她。但是因为在某次考试过程中给别的同学传递答案，被老师抓了个现行，最后被赶出考场，因为协助作弊被抓，压力巨大的她选择投江自杀。

事实上，这种悲剧的产生与孩子缺乏必要的承受能力有很大的关系。所以，如果父母在生活中对孩子给予面面俱到的关心和保护，就会使孩子失去经受困难与挫折的机会，这对培养孩子的心理承受力是没有好处的。生活在这种环境中的孩子也许表面上个性十足，但是其内心很可能十分脆弱，就像空心的蛋壳，稍一用力，就成了碎片。

8岁的胡瑞上小学二年级，他原本是一班之长，但是因为不小心犯了错误，被老师撤了职。为此他万念俱灰，他认为老师对他心存偏见，同学们也因为自己被撤职不再喜欢自己了。于是同学们看他时，胡瑞就认为那是在嘲笑自己。他觉得没脸跟爸爸妈妈说，而那段时间爸爸妈妈工作繁忙，没有时间和精力管他。

后来，胡瑞上课的时候和同学说话，老师客观地说了他几句，胡瑞居然跟老师辩解起来。老师把他狠狠批评了一顿，这让胡瑞感觉非常委屈。回到家他忍不住哭了，可是爸爸妈妈不但没有安慰他，反而骂他。他觉得坐在教室里特别难受，他不想上学了。

近些年来，关于中小学生离家出走和自杀的新闻频频见诸报端，而且逐年递增，但究其原因，却都是些微不足道的小事。这主要是因为当孩子缺乏心理承受力时，压力就成了孩子可怕的敌人，容易引起孩子的心理障碍。所以，父母应该及时关注孩子的心理变化，多与孩子交流谈心，当孩子遇到不如意的事情时，要耐心开导孩子，让孩子变得坚强起来。最重要的是，在日常生活中，父母要有意识地培养孩子的心理承受力。

第一，尽可能地让孩子决定和独立处理自己的事。

许多孩子生活在舒适、优越的环境中，他们习惯了依赖父母，所以当他们真正面对学习和生活中的各种压力时，往往会不知所措。因此，作为父母，应尽量地让孩子独立自主地决定和处理自己的事情。只要不是干坏事，只要孩子基本上能做到，就要鼓励孩子大胆去尝试，即使失败了也没有什么。

第二，尽量不要刻意奉承孩子。

很多父母喜欢过分赞扬孩子，有时候为了让孩子开心，他们还会刻意说些奉承孩子的话。即使孩子做了一件本该他做的事情，父母也会对孩子赞不绝口；当孩子出错时，父母担心孩子会为此产生压力，绞尽脑汁地帮孩子找理由。这会使孩子变得以自我为中心，任性，虚荣，受不得半点委屈。难以想象，当这样的孩子遭受挫折和压力时，他们能否面对和承受。

第三，及时地排解孩子的心理压力。

生活中，孩子经常会面对一些难以承受的事情，如成绩差，被他人威胁、侮辱、打骂，不幸的灾难等等。这时父母应该及时帮助孩子排解压力。常用的方法是：

1. 跟孩子聊天、谈心，帮他们解开思想的疙瘩。
2. 对孩子做出适当的承诺，消除孩子的顾虑。
3. 和孩子分析失败的原因，指导孩子解决问题。
4. 鼓励孩子自信坚强，帮助孩子化解心理压力。
5. 对孩子表示关心和信任，相信孩子下一次能做好。
6. 把孩子引向其他方面，转移孩子的注意力，例如孩子擅长乒乓球，父母可以和孩子打乒乓球，让孩子从中找到自信。

第四，有目的地锻炼孩子的毅力。

父母可以和孩子一起参与体育活动，这有利于培养孩子的意志品质；通过组织各种兴趣活动帮助孩子树立自信；在生活中帮助孩子树立正确的竞争观；有时，刻意给孩子制造一些麻烦，锻炼孩子承受挫折的能力；当孩子遭遇挫折的时候，要以鼓励为先，教育孩子"得之不喜，失之不忧"，让孩子用平和的心态面对学习和生活，这样才能经历未来的风风雨雨。

通过以上这些方法，父母可以很好地培养孩子的心理承受能力。让孩子坚强勇敢地面对学习和生活中的各种困难和挫折，这样长大的孩子才能具备成就大事的心理素质。

专家谏言：

　　心理承受力，其实就是一个人在面对挫折时所能承受的能力。在现实生活中，每个人都会遇到挫折和困难，没有谁的人生可以一帆风顺。但现实却是，有的人能乐观面对，而有的人的态度却是悲观厌世、事事逃避。如果父母不能给孩子正确的引导和教育，孩子就难以将压力成功地释放出来。久而久之，孩子的内心就会积攒强大的精神压力，甚至产生严重的心理问题。

失败是坚韧的最后考验

> 父母必须让孩子知道,在成长的道路上,不可能是一帆风顺的。成功往往是与艰难困苦、坎坷挫折相伴而来的。
>
> ——芭贝拉·罗斯

在孩子的成长过程中,失败和挫折是在所难免的。失败是磨练人的意志的宝贵机会,经得起失败的考验,才能成为真正的强者。所以,鼓励孩子勇敢地接受失败,然后战胜失败,走向成功,应该成为父母教育孩子的重要一课,也是我们现在最应该传承和保留的家风。

没有哪个人的一生是一帆风顺的,每个人都要经历这样或那样的失败和挫折。要想获得成功,就要经历千百次的尝试和努力,克服重重困难。当孩子在一件事情上付出诸多努力的时候,等待他最后的结果有可能会是失败。这个时候,父母就应当及时鼓励孩子,让他们鼓起勇气,勇敢地再试一次、两次甚至更多次,直到成功。

科学家做过这么一个有趣的实验:他们将一条梭鱼和许多小鱼放在了同一个水池里,梭鱼如果饿了,只要张张嘴,就可以吞进很多小鱼。随后,科学家找来了一个玻璃罩,罩住了梭鱼的嘴。在最初,刚戴上玻璃罩的梭鱼看到小鱼还会往前冲,但每次它张开嘴都吃不到小鱼。

慢慢地,梭鱼失败的次数越来越多,直至最后,绝望的梭鱼放弃了捕

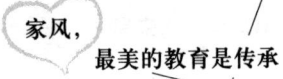

食小鱼的努力。科学家在这个时候撤掉了那些玻璃罩，梭鱼还是对那些小鱼无动于衷，任凭小鱼从自己的眼前游过，梭鱼是真的绝望了。最后，梭鱼被饿死了。

这个故事并非说明梭鱼脑子太笨，因为它确实是捕食小鱼的好手。在正常的环境下，它也能独立生存。但是面临无数次失败之后，梭鱼对自己的捕鱼能力产生了怀疑，最后变得绝望起来。

其实孩子何曾不是这样呢？当孩子屡次遭遇挫折和失败后，如果父母不及时地指导和鼓励孩子，反而责骂他，就会让他渐渐失去信心，变得软弱和退缩，最终难以成功。但是如果孩子能得到父母的引导和鼓励，孩子就不会轻易丧失信心，而是勇敢地面对挫折，渐渐培养出对挫折的承受力和意志力。

春节的时候，李浩从电视上看到欢庆春节的热闹场面总少不了踩高跷，于是对高跷产生了浓厚的兴趣。爸爸认为通过参加踩高跷这项活动可以锻炼到孩子的意志和勇气，于是就买了副高跷给孩子。

爸爸在给孩子绑好高跷后，说："行了，站起来吧！"李浩早就有点按捺不住了，这会儿赶紧兴奋地想站起来，可是刚一起来，却又坐回了椅子上。

爸爸就问他："怎么了？怎么不站起来呢？"李浩老实告诉爸爸说："我怕摔倒。"爸爸听了后就鼓励他，让他再次站起来往前走。

在爸爸的鼓励下，李浩鼓起勇气，晃晃悠悠地站了起来，可是才迈了一步，就扑通一声摔了下来。这下，李浩的脸上可没有了刚开始时兴奋的表情，取而代之的是一脸恐惧。

爸爸见李浩害怕的样子，就亲切地告诉他："摔跤没什么可怕的，不管是谁，刚开始学的时候都要摔跤，不摔跤是学不会的。来，不要害怕，

磨字诀：没有风雨，何来彩虹　PART 4

我们再试一次！"

李浩还是有些犹豫，爸爸又说："不用怕，爸爸小时候也是这样学的，鼓起勇气，很快你就能学会的。来，继续吧！"

就这样，在爸爸一次次的指导和鼓励下，李浩终于学会了踩高跷。他感到很高兴也很自豪。

尝试每件事情都可能遇到失败，而且失败确实让人感到沮丧，但是失败后被人讽刺更让人难过，尤其是来自父母的责备。所以，当孩子因为失败而感到恐惧或难过时，父母不要用怜悯的态度对待孩子或是看着孩子摇头叹气，而应该鼓励孩子，让孩子明白，失败没有什么可怕的，这次不行，下次再来，多试几次，总会取得成功。父母对孩子的鼓励和引导，是孩子勇敢面对失败的强大动力。

所以，做父母的应该让孩子明白，失败是常有的事情，只有具备面对失败的勇气，才能茁壮成长。面对失败，当孩子有了低落的情绪时，父母应当鼓励孩子勇敢点，让孩子正确对待失败，想办法走出失败的阴影，从而获得成功。

专家谏言：

生活中，一些父母认为孩子还小，经不起挫折和失败，就一味地放纵和满足孩子，不让孩子经受苦难，这样的孩子就会像温室里的花朵，变得脆弱不堪，经不起风吹雨打，甚至还会因此而产生一系列心理问题。

吃苦造就孩子坚毅的品格

> 天将降大任于斯人也，必先苦其心志，劳其筋骨。
> ——孟子

《孟子·告子下》中有一段脍炙人口的名言："故天将降大任于斯人也，必先苦其心志，劳其筋骨，饿其体肤，空乏其身，行拂乱其所为，所以动心忍性，曾益其所不能。"这段话的意思是：上天要让某个人承担重任的时候，必定会折磨他的内心，劳累他的筋骨，让他经受饥饿，以致形体消瘦，使他受贫困之苦，使他做的事颠倒错乱，总不如意，通过这些来使他的内心警觉，使他的性格变得更加坚不可摧，并且增加他不具备的才能。

孟子这段话说明了一个人达到成功的轨迹：一个能够成大事、有大作为的人，无不要经历艰难困苦的历练与考验。俗话说："百炼成钢。"一块铁，只有在炉子中经过千度高温的淬炼，才能够变成一块坚硬的钢。而身处逆境之中的人，其从身体到心理必定也遭受着种种折磨，这个过程将会达成一个结果，也是走出逆境的根本途径："所以动心忍性""增益其所不能"，在整个历练的过程中，自身的意志、智慧以及性情都能够得到很好的锻炼，并最终有所提升。

现在的孩子衣来伸手，饭来张口，夏天怕热着，冬天怕冻着，上学不愿走路就车接车送，不高兴了全家上下围在一起费尽心思哄他开心。这固然是父母出于对孩子的疼爱，然而这样疼爱孩子却容易让孩子丧失应有的劳动能力和独立能力，容易养成依赖的习惯，这在今后走向社会的时候对孩子是非常不利的，这种教育是家庭教育中的大忌。中国有句古话：庭院里训不出千里马。想要真正将自己的孩子教育成才，就必须舍得让孩子吃苦，让孩子在逆境中磨练意志，这正是中国父母最舍不得的地方。外国的父母为什么那么忍心让孩子吃苦，那是因为他们知道这是成长过程中必须让孩子具备的品质。

在日本东京的一家幼儿园里，400多名小朋友在冷冬的操场上锻炼。这家幼儿园的400多名小朋友每天都会在寒冬里锻炼身体，以加强抗冷能力。另外，日本人在教育孩子时有句名言：除了阳光和空气是大自然的赐予，其他一切都要通过劳动获得。很多日本学生在业余时间都会自发地去外面做兼职，通过自己的劳动赚钱，大学生勤工俭学就更为普遍，就连有钱人家的子弟也不例外。他们靠在饭店端盘子、洗碗，在商店售货，在养老院照顾老人，做家庭教师等方式来赚取自己的学费。孩子很小的时候，父母就给他们灌输一种思想：不给别人添麻烦。全家人外出旅行，不论多么小的孩子都要无一例外地背上一个小背包。别人问为什么，父母说："他们自己的东西应该自己来背。"

瑞士的父母为了避免孩子长大后变得庸庸碌碌、不劳而获，他们在孩子很小的时候就培养孩子自食其力的精神。譬如，对十六七岁的姑娘，从初中毕业就送到有教养的人家去当一年女佣人，上午劳动，下午上学。这样做一方面锻炼了劳动能力，另一方面还有利于学习语言，因为瑞士有讲德语的地区，也有讲法语的地区，所以这个语言地区的姑娘通常到另外一个语言地区当佣人。

加拿大的父母在孩子很小的时候就注意培养他们独立生活的能力，以便能够在未来社会更好地生存。在加拿大的一个记者家中，两个上小学的孩子每天早上要去给各家各户送报纸。看着孩子兴致勃勃地分发报纸，那位当记者的父亲感到很自豪："分发这么多报纸不容易，很早就得起床，无论刮风下雨都要去送，可孩子们从来都没有耽误过。"

现在我国人民的生活条件得到了很大提高，孩子们不再像以前那样受苦，家长更舍不得让孩子受苦。在学习和生活上，家长早就给孩子铺好了路，不让孩子受到丝毫挫折。孩子的衣服鞋袜家长给洗，被子家长给叠，家长什么事情都给孩子包办，从来不让孩子自己动手、锻炼能力。

尤其是城里的孩子，更是娇惯得不得了。小孩子先不说，就说大学生，每年开学，我们都能看到一队队的"父母军"给孩子拎着大包小包，累得满头大汗，气喘吁吁，学生们呢，戴着遮阳帽，吃着冰激凌，优哉游哉。学生开学后，家长还不放心，舍不得让孩子参加军训，或者在军训的时候给孩子递个毛巾、递杯水，这种种现象，真是令人担忧。这样的孩子走上社会，离开父母，怎么面对自己的生活。这种现象出现的根本原因，就是父母娇惯孩子，从小舍不得让孩子吃苦。

"物竞天择，适者生存。"这不仅是自然界的生存法则，用于人类社会也同样如此，为什么当年那些"喝茶遛鸟"的八旗子弟们被历史淘汰了？原因就在于他们丧失了自立能力，被社会淘汰是大势所趋，是历史的必然。为了避免自己的孩子成为"新八旗子弟"，家长应当狠狠心，让孩子们适当地吃些苦，锻炼他们的坚强意志，对他们的未来是没有害处的。

专家谏言：

凡是在困苦的环境中没被击倒，并且更加发奋自强者，都有百折不挠的韧性和坚持到底的毅力。恶劣环境的一再试炼，也提升了他们的能力与见识。这正是一个人担负重大责任时的必要条件！

磨字诀：没有风雨，何来彩虹　PART 4

坚强的意志是孩子走向成功的关键动力

> 告诉你使我达到目标的奥秘，我唯一的力量就是我的坚持精神。
>
> ——巴斯德

意志力对于一个人最终能否取得成功是至关重要的。心理学的科学研究表明，坚强的意志对一个人的学业成绩和个人的成就有着密切的关系。墨子说过："志不强者智不达。"意思就是，意志不坚强的人，智慧也不会通达，自然也难以取得成功。的确，通往成功的道路不可能一马平川，一路坦途，必定会有高低起伏，崎岖坎坷，磕磕绊绊，这是免不了的，而意志不坚定的人，面对缥缈的未来望而生畏，往往会半途而废，唯有坚持到底的人才能见到最后的光明。王安石曾经说过："夷以近，则游者众；险以远，则至者少。"正是这个道理。

"有志者事竟成"，不管做什么事情，没有足够的坚持和韧性，没有足够坚强的意志，遇到困难就退缩不前，遇到挫折就灰心丧气，是很难获得成功的。命运之神垂青坚持到底的人，但凡成功之人都有极强的恒心，信奉"永远、永远、永远不放弃"的座右铭。牛顿说："一个人如果做事没有恒心，他是任何事情也做不成功的。"富兰克林说："唯有坚韧不拔的人，才能圆满实现自己的理想。"茅盾说："人的前途只能靠自己的意志、自己的努力来决定。"没有坚强的意志，没有人能够成为专家。曾国藩也曾说过："凡人作一事，便须全副精神注在此一事，首尾不懈，不可见异思迁，做这样想那样，坐在这山望那山。人而无恒，终身一无所成。"美国柯立芝总统认为："世界上没有一样东西可以取代毅力，才干也不可以，怀才不遇者比比皆是，一事无成的天才很普遍；教育也不可以，世上充满了学无所用的人，只有毅力和决心无往而不胜。"

不管是名言还是警句，都表明一个问题，那就是个人的成功离不开坚强的意志，没有坚强的意志就难以成功。

有一个小女孩生活在美国夏威夷，她酷爱冲浪运动。从小她就与海浪为伍，但她险些因为一场突如其来的灾难而失去生命。

2003年10月31日早晨，她像平常一样选择和朋友们去冲浪。经过半个小时的冲浪，她已经有点疲惫了，索性她躺在冲浪板上休息片刻，而一只手在水里拍打着浪花。没想到正是这悠闲的时光中，从海水中蹿起一条巨大的鲨鱼，她随即感到疼痛弥漫在整个手臂上……当她回头看时，身旁的海水早已被染成了血水。忍着断臂的疼痛，她用另一只手努力地向岸边划去。目睹了整个过程的朋友迅速将一条绳子紧紧地绑在了她的断臂上。当朋友把她送到附近的一家医院时，她的失血量已经达到了70%，可以说得上是生命垂危。

经过紧急抢救，她被医生们从死神那里拉了回来，这真可谓是一场劫后重生。但刚刚苏醒的她却问了医生这样一个问题："我还要恢复多长时间才能去冲浪？"医生被眼前这个勇气可嘉的小女孩震撼了，医生安慰小女孩说等手臂愈合了就可以去了。

几周过后，当医生折下她胳膊上厚厚的绷带时，那么长的伤口就呈现出来。家人看到后，无一不伤心痛哭。家人都无法接受这个残酷的现实，她那一年才13岁啊，这对一个13岁的孩子来说真的是太残酷了！唯独女孩自己显得异常平静。当大家都被不符合女孩年龄的镇定所震撼时，她还说了一句让人为之震惊的话："时光无法从头来过，我只能接受现实。既

磨字诀：没有风雨，何来彩虹

然发生了，我就要勇敢地去面对。我期待着我重返大海的那一天。"

大家都知道，冲浪运动最讲究的是身体平衡，一个断臂的人如何能在波涛汹涌的大海中找到自己的平衡点呢！但她不甘心自己就被命运这样摆布，一个多月后，她重返大海。她开始了非常艰苦的恢复训练，当她一次又一次从冲浪板上摔到海里的时候，是勇气和信心支撑她又重新站在冲浪板上……人们劝她不要再这样折磨自己了，但她依然选择坚持，她告诉人们："我天生就是冲浪的命。虽然我不小心丢了一只船桨，但我还有另外一只，足以支撑我遨游大海。"

就这样，经过多年反复训练的她，居然成为了全美冲浪锦标赛的冠军。不久，她被国家队招入，正向她第一个世界冠军发起冲击。

现在有不少家长抱怨当今的孩子意志不坚，吃不得苦，在做事情的时候缺乏韧性、容易放弃，其实造成这种现象的原因固然与孩子软弱的性格有关，但是，这种软弱的性格往往是家长娇惯出来的，因此，"罪魁祸首"仍然是家长。孩子的可塑性是非常强的，如果家长能够对培养孩子的意志力有足够的重视，并且给孩子以良好的引导，必然能形成良性循环，让孩子受益终身；反之，如果不注意培养孩子的意志力，事事包办，错过了培养孩子意志力的最佳时期，将会让孩子形成意志薄弱、浅尝辄止等不良习惯。

那么家长要如何锻炼孩子坚强的意志力？

第一，从小事做起，磨练持之以恒。

从身边的小事做起，并坚持不懈，从不中断，这是磨练一个人意志的最好方法。很多事业有成的人都是通过坚持做一些小事情来磨练自己的意志的。苏联著名文学家高尔基说："哪怕对自己一点儿小的克制，都会使人变得强而有力。"苏联生理学家巴甫洛夫把工工整整地书写作为磨练自

己意志的方法。我国春秋时期的哲学家老子也说过："为大于其细。"因此，家长应当让孩子从小事做起，从细节做起，慢慢养成坚强的意志。

第二，为孩子制订合理的计划。

通过制订合理的计划，可以逐渐培养孩子的意志。家长可以给孩子布置明确的短期任务，并指导孩子按照预定的目的和计划按部就班地进行，一步步地完成。如果任务完成得好，家长应当对孩子进行表扬，从而鼓励他们这种强化意志的行为，让孩子逐渐形成意志的自觉性。

第三，鼓励孩子勇于面对困难。

困难可以检验孩子的意志力，因为在困难的考验下，需要孩子拿出更强的意志力。家长在培养孩子意志力的过程中，可以让孩子适度做一些有难度的事情。当孩子在面对困难的时候，家长应当为孩子打气，让孩子相信他有能力战胜困难，而千万不能打击孩子，让孩子心灰意冷。

第四，让孩子培养良好的行为习惯。

一个良好的行为习惯的养成，需要长期的坚持，自然需要意志力的支撑。因此，家长可以从培养孩子的行为习惯入手。而培养孩子的行为习惯要从小事做起，比如让孩子按时完成作业，严格遵守作息时间，自己收拾房间等。培养他们的行为习惯时，要对他们进行严格的要求，绝不可半途而废；要求他们改正的缺点就要监督他们逐渐改正。这样，在孩子形成良好行为习惯的同时，也培养了他们良好的意志品质。

第五，父母要树立良好的榜样。

父母是孩子最好的榜样，对孩子所起到的影响也是立竿见影的，因此父母在生活或是工作中遇到一些困难时，千万不可轻言放弃，甚至可以让孩子对你说些鼓励的话，在孩子的鼓励和陪伴下渡过难关，因为每个人都需要安慰，再强大的人也有心理上的弱势。而坚持到胜利之后，孩子不仅会对你的意志力赞赏有加，而且还会对孩子形成坚定的意志力有着莫大的影响。

　　坚强的意志力不是短期内就能够养成的，孩子们往往都是三分钟热度，容易放弃，因此，家长要有足够的耐心。培养孩子的意志力不仅是对孩子的考验，也是对家长的考验，如果任何一方放弃，都会前功尽弃，相信经过一段时间的坚持，孩子最终能够成为勇往直前、意志坚定的孩子。

专家谏言：

　　坚强的意志是孩子突破阻碍、战胜挫折、走向成功的关键动力。在如今这个竞争激烈、优胜劣汰的社会里，身为家长，更要有意识地培养孩子坚强的意志，让孩子有勇气、有毅力地去战胜成才道路上的各种困难。意志是一个人成功的关键，开明的父母应当从小就注意培养孩子的意志力，为孩子的成长打好基础。

PART 5
放字诀：家风要紧，教导要松

当今很多家长帮孩子包办了一切,连基本的家务活儿都不让孩子去做。孩子想帮大人分担一些家务,大人便会说:"你只要好好学习就可以了,干什么家务活。"其实,家长应该知道,最好的疼爱是放开手,家长犯懒就得"懒"出个水平,让好家风和孩子的好习惯在家长的"懒"中养成。

让孩子做自己舞台的导演

> 家长要经常让孩子独自去做一些事情,让孩子多接触原来所没有接触的事情,在实践中去学习提高,并且通过自己的思考,慢慢形成自己处理各种事情的方法,避免僵化、呆板。
>
> ——陶行知

不少成年人有这样的毛病,非常在乎别人是怎样看待自己的,自己毫无主见,自己的想法容易被别人左右。他们要做事,总是会考虑,别人怎么看、怎么想、怎么评价。

那么大多数成年人为什么会显得这么毫无主见,为什么不看看自己的真实想法,何必被别人牵着走呢?其源头在童年,受童年时的家风影响。幼年是性格形成的重要阶段,如果孩子在幼年时期从来没有过自己的主见,从来都是按照别人强加的意愿办事,这样的孩子长大后容易受到别人客观评价的影响。如果孩子还在年幼的时候,大人对孩子强加太多的评价,孩子很容易因此丧失自己的判断能力,久而久之孩子也就习惯了别人对自己的评价,甚至是开始依赖别人对自己的评价。这是现如今这些大人不能"倾听自己内心",而在乎别人眼光的原因所在。

其实,孩子与生俱来的优点就是不在意别人的眼光,他们初来乍到这个世界上,会做出很多让人匪夷所思的举动,他们才不会在意别人是怎么看待自己的。是成年人逐渐改变了孩子的性格,让孩子活在了别人的世界里。

　　父母教育孩子懂礼貌,逢人便打招呼;安全第一,就怕孩子发生意外,就算是孩子走路时不小心摔了一跤,自己都会内疚很久,恨不得自己替孩子走路;他们不准孩子游泳、穿溜冰鞋,总之是在他们眼里一切会伤害到孩子的东西和事情;饮食起居等方面做得更是无微不至,就怕比别家的孩子吃得差,就怕衣服的牌子没有别家孩子的好;吃喝玩乐都由父母做决定,孩子根本没有选择权。就这样,在这种教育之下,孩子变得盲从、没主见,迷失了自己,做不了自己,长大后不能"听从自己的声音"。

　　小林的父母都是中学的领导。小林的父亲喜欢以"教育系统工作者"自居,非常瞧不起那些打骂孩子的家长。他们从来不打骂儿子,但对儿子的要求非常严格,为儿子做任何决定从来不征求儿子的意见。他常常说:"你什么也不懂,我和你妈都是为了你好,怕你走错路,怕你被别人骗。"从小到大,小林都不敢违逆和顶撞父母。而小林父母还常教给儿子这样一些"做人的道理",还告诉小林都是为他好。小林虽然从心底里很反感父母的这些所谓的道理,但他从来不敢反驳。

　　大学毕业后,小林本想摆脱父母去外地工作,但父母的眼泪和话语让他无法离开。就这样,小林在本地找了家安稳的工作,慢慢地,小林的性子被磨平了,没有了抱负、没有了理想。

　　父母总是把自己的意志强加在孩子的身上,总是把自认为好的东西提供给孩子。但是,父母却从来没有意识到,孩子长大了,孩子也是一个独立的人,孩子应该有属于自己的思想和言行标准,不需要每一步都在父母的规划之内行动。

　　孩子天生无所畏惧,有冒险精神,而且富有好奇心,并从中获得了积极探索的精神和勇气。孩子对各种新鲜事物总抱着跃跃欲试的态度,从来

放字诀：家风要紧，教导要松 PART 5

没学过游泳，就想试试自己能不能在水里飘起来，归根结底都是源自孩子的好奇心，他们总是想对背后的真相一探究竟。

可是很多父母，包括带孩子的爷爷奶奶、外公外婆，不懂孩子的成长心理，常常对孩子发号施令，甚至有的家长，在不到半小时里，对孩子的指令多达十几次，几乎平均两分钟要下一次指令！都是禁止或限制这类的话，或者强迫孩子做自己不喜欢的事情，慢慢地造就了孩子屈从的性格。就在大人的干预之下，孩子觉得什么都玩不好。

父母们"诲人不倦"，换一个字就是"毁人不倦"。孩子曾试图反抗过父母的限制，但是每次都被父母将选择权扼杀于摇篮之中，幼小的他们怎敢得过掌握一切权利的成年人呢？反抗失败后的孩子很可能走向两个极端，变得叛逆或是自卑、懦弱。

在强势父母的控制和安排下，孩子无异于弱势群体，他们唯一能做的就是按部就班。毫不夸张地说，他们的一生都被父母包办了。上学时，他们是家长、老师眼中言听计从的好孩子；上班时，他们又是领导和上司眼中言听计从的好下属，反正他们从小已经遗失了判断是非的能力，没有主见。他们凡事都会在意别人的看法，而不注重自己的感受，既痛苦又束手无策。他们内心并不强大，自卑、懦弱，表里不一，听话是被迫的，在他看来别人对自己的看法是最重要的。他们的内心不够阳光，稍遇打击就会选择逃避，因为他们从未真正做过自己，终日在别人的眼里过活。

专家谏言：

一个缺乏自信的孩子，做任何事情都会畏首畏尾，即便是很简单的一件事，也会因为缺乏自信、对自己产生怀疑而无法完成。自信，是一个孩子取得成功最重要的基础。

依偎在父母怀里，如何面对社会

> 没有独立精神的人，一定依赖别人，依赖别人的人一定怕人；怕人的人一定阿谀谄媚人。若常常怕人和谄媚人，逐渐成了习惯以后，他的脸皮就同铁一样厚。对于可耻的事也不知羞耻，应当与人讲理的时候也不敢讲理，见人只知道屈服。
>
> ——福泽谕吉

在自然界中普遍存在着一个法则：动物个体在出生时，由父母抚育成长，长大后就不能再与父母生活在一起，不能靠父母养活，得靠自己独立生活。如果不具备生存能力，离开父母的呵护就会被淘汰。

生物学家研究发现，当幼鹰长到一定程度以后，它们的父母会带着它们来到悬崖边上，然后将它们一个个推下悬崖。会飞的振臂展翅，翱翔天空；不会飞的葬身谷底，粉身碎骨。尽管用这样的方式逼迫小鹰们自食其力很残酷，但是老鹰父母从未有过一丝一毫的动摇。因为生存法则就是这样，优胜劣汰，正如达尔文所说："物竞天择，适者生存。"

所有的动物都爱孩子，但动物父母们知道，它们不可能照顾孩子一辈子，如果孩子不能及早地独立，总是依偎在父母的怀里，那么，当不得不独立面对这个世界时，它将无所适从，以致丧失生命。

对于我们人来说，也是如此。任何人只有具备独立、自主、思考的能力，才能在这个社会中占据一席之地。因此，父母切莫忽视了培养孩子独立自主的能力。罗伯特是美国著名教育专家,他曾提出现代孩子教育的十大目标,首先第一条就是独立。他指出一个孩子想要在未来人生中获得成功,首先要具备独立思考、选择、判断、解决问题的能力,否则很难适应现代社会的需要。

其实,孩子骨子里就有独立意识,独立意识会随着自己年龄的增长而变强,表现在言语、思想和行为等各个方面。一般情况下,孩子在两岁以后,随着生理、心理机能不断加强,很多孩子在父母的引导下慢慢学会了自己吃饭、穿衣服、收拾玩具等能力,慢慢也就养成了独立意识。

但是,如果父母对孩子引导不当的话,忽视了给孩子独立锻炼的机会,孩子的独立意识就会停滞不前,他们真正能独立也就遥遥无期了。

在加拿大的山区,沿着盘山公路竖立着很多牌子,上面写着这样的一句话:"A fed bear is a dead bear"。意思是被喂饱的熊是死熊。为什么在山路上会有这样的标示牌?为什么熊被喂饱了就是死熊了呢?原来过去有很多人开车路过此地,在路边看到熊时,往往又惊又喜,于是从车里扔食物给熊吃,这些熊尝到了"不劳而获"的甜头后,就老在路边等食物,慢慢地,他们就失去了觅食的本领。到了冬天,大雪封山,很少有人再去喂它们食物时,他们就被活活地饿死了。

后来,加拿大政府在路边竖了很多提醒牌,告诉路人,不要随便丢掷食品喂熊,把熊喂饱了,实际上就是把熊喂死了。

这件事情不由得让人们联想到现在的家庭教育。很多父母容易犯"爱"的错误,对孩子过分爱护、过分关心,为孩子付出一切,这种行为不正是把孩子当做喂饱的熊来对待吗?

现代心理学、教育学、社会学的大量研究调查表明:很多父母对孩子"过度保护"的行为压制了孩子的自由发展,扼杀了孩子的创造力和想象力,磨灭了孩子自主精神的培养，最终阻碍了孩子健康人格的形成，这些孩子往往"在家像条龙，在外像条虫"。依赖性强，自私自利，缺乏独立生活的能力，做事被动、消极、胆怯，社会责任感弱，情绪波动大，易走极端等，根本不具备独立思考、解决问题的能力，无法正常地适应社会。而一个独立的孩子，往往自信、勇敢、积极向上、行事理智果断，社会责任感强，敢于直面挑战，能够主宰自己的命运。

事实上，父母呵护孩子，是在无形中给他们的成长设置障碍，断绝了孩子培养自己独立能力的机会，最后反倒是害了孩子。在这个科技日益发达、物质水平日渐高涨的时代，身为未来社会的栋梁之才，没有独立意识和独立能力的孩子，试问怎么可能成为日后的栋梁之才呢？现如今社会物质条件优越，父母在给孩子创造享受机会的同时，也要注意给孩子创造独立自主的机会去锻炼，培养孩子独立自主的能力。千万不要把孩子这艘"小船"牢牢地拴在避风港，一旦他们驶离港湾遭遇大风大浪，势必会被"打翻"。如果这样，尽管孩子在年龄上成熟了、长大了，可是他的行为能力却仍旧停留在孩提阶段。

儿童只有真正具备了独立意识等品质才能真正走向成熟，走向社会。况且你永远把孩子当成小孩看，那么，他们长大的一天又是在哪一天呢。那么，如何培养孩子的独立意识，让孩子学会自己的事情自己做，逐渐走向成熟呢？

父母的教育方式和心态决定了孩子的未来走势。父母过分溺爱孩子就是害孩子的表现，在针对培养孩子独立意识这一问题上，父母对孩子的爱应该变得理性一些。

父母理性地爱孩子主要有三个方面的内容：

第一，父母要给孩子独立自主和承担后果的机会，让孩子在实践中认识到什么是责任感，借此锻炼孩子独立思考和探究的能力。

放字诀：家风要紧，教导要松 PART 5

一天，父亲正在整理阁楼上的书，打算把它们都搬到楼下去。热心的小男孩在一旁看得手心直痒痒，父亲猜出小男孩的心思，邀请他帮忙，小男孩兴高采烈地加入了搬书队伍，帮父亲把一些书从阁楼搬到楼下。小男孩觉得这真是一件了不起的事。他用尽全力抱住书本，缓慢地下着台阶。

事实上，他根本没帮上什么忙，反而还碍手碍脚，影响工作的进度。不过，小男孩有一位耐心、智慧的父亲。他明白让孩子参与进来，远比搬书的效率重要得多。

在这堆书里，有几本又厚又重的教科书。对于小男孩来说，想要把他们搬下楼，并不容易。只见他抱着这几本书小心翼翼地踏着楼梯往下走，可是它们一连几次都不争气地从小男孩的手中滑落。最后，小男孩气急败坏地坐在阶梯上，他感觉自己太没用了，笨手笨脚，根本无法捧着这些书下楼，他伤心地大哭起来。

此时，阁楼上的父亲听到哭声，赶忙过来拾起散落在楼梯上的书，将它们放到小男孩的怀中，然后一把抱起小男孩，将书和孩子一并抱到楼下去。就这样，父子俩来来回回了很多趟，有说有笑把搬书的任务完成了，只是完成的方式有些独特——小男孩负责搬书，父亲负责抱小孩。

让孩子参与进来，帮着父母一起做事，可以增进亲子间的感情，增强孩子的责任感和自信心，因为帮了父母的忙，孩子会觉得自己是有价值的人。

在我们周围，常常听到父母抱怨孩子没有责任感，不懂得体谅父母，不考虑父母的需求。实际上，责任感与价值感是联系在一起的。一个人，只有看到自己的能力能帮到别人，才会感受到别人对自己的尊重和喜欢，从而激发他的责任感和荣誉感。

因此，孩子的每一个好的出发点都应该得到父母的鼓励和赏识，哪怕最后的结果不怎么样。作为父母，千万不能武断地制止孩子的好行为。即使孩子做得不好，也不要批评教训，要知道孩子的出发点是好的，父母要帮助孩子进行改善，共同进步。

第二，孩子需要父母给自己提供一些"吃苦锻炼"的机会。

孩子良好素质的形成和完善品格的培养是一个漫长复杂的过程，它要求家庭、学校和社会三方面的通力合作。孩子的成长，除了正面的教育之外，还需要适当的负面刺激，负面刺激指的是一些令人产生不愉快或不舒服的刺激，也就是我们通俗意义上说的"吃苦受罪"。

孩子往往单纯幼稚，心智不成熟，经验也不足。假如父母处处为孩子安排，处处维护孩子，他就不可能了解真实的世界，将来一旦脱离父母，很可能碰大钉子。现在独生子女往往生活条件优越，娇生惯养，一旦遭遇挫折、困难，往往不知所措。如果我们做父母的能"退居二线"，给孩子鼓励和支持，让他们自己想办法去解决问题，战胜困难，这样做不仅能增强孩子的生活能力，还能培养他们迎难而上的勇气和意志。

很多父母觉得现在的孩子是"身在福中不知福"，他们不知道幸福来之不易，不懂得珍惜时间，善待他人。那么，为了让孩子有正确的幸福观，我们可以让他们适当地"受罪"。比如，做一些力所能及的家务活，参加一些社会公益劳动，这样他们在劳动中既能体验他人工作的辛苦，又能增加生活智慧，提高身体素质，还能培养吃苦耐劳的精神，从而学会尊重他人，珍惜幸福。

除此之外，现在大部分孩子在家庭中都处于"众星捧月"的地位，往往自私傲慢、专横无理。偶尔受到他人的批评，便会大发脾气、撒泼胡闹。对付这样的情况，家长们不要"害怕"孩子的坏脾气，要及时对其进行批评教育，直接指出其缺点和不足，予以适当的约束。尽管，孩子们在接受批评时非常难受、像遭受了大磨难，但父母的适时"提醒"是克服他们"坏脾气"的良药。

第三，父母要有意识地扩大孩子的生活范围，让孩子们独立观察周围的事物。

有些父母总是担心孩子的安全，对孩子的活动范围加以严格的限制，结果压抑了孩子的积极主动性，致使孩子养成一切依赖父母的坏习惯。这样的孩子往往自理能力差，在遇到新环境、新情况时不知所措。

所以，父母有时没必要给孩子开"绿灯"，应该引导孩子多多参加户外和团体活动，这样不仅有助于他们开阔视野、增长知识，还能培养他们的独立能力。同时，对于孩子求知欲、好奇心、钻研精神和独立能力的培养也大有益处。例如，让孩子多与大自然接触，让孩子留心生命的不同景象及其变化，启发孩子多问几个"为什么"，与孩子一同找寻答案。父母一定要给孩子提供独立活动的机会，任孩子自由地跑，自由地玩，自主地观察周围的人、事、物，从而激发孩子的创造力和想象力，让孩子在前进的道路上自由奔跑，长大成为一个有出息的人。

专家谏言：

孩子只有在逆境中不断的磨练，才能学会独立、坚强。当然，他们也需要爱，父母的爱会抚育他们健康地成长。不过，现代孩子多半不是没有爱，而是"爱过剩"。所以，父母必须学会控制自己的情感，把爱收回去一部分，鼓励孩子去尝试、去实践，体验真正的生活。父母要尊重孩子的权利、相信孩子的能力。给孩子创造更多锻炼的机会，让他们适当地吃苦受累，遭受一些挫折，完成人生的必修课。

家风,
最美的教育是传承

孩子要从小承担家的责任

> 孩子健康心理的培养比对孩子身体的关心更为重要,孩子只有具备了健康的心理,才能挑战未来,走向成功。
>
> ——布鲁尔·卡特

俗话说,国有国法,家有家规。治国要有规矩,治家同样要有规矩,这个规矩就是家风。梁启超先生就曾经说过:少年强则国强。从此可见,要让孩子长大后有出息,能为国家做贡献,就要从小锻炼孩子,让孩子在良好的家风和家规熏陶中成长。可是,现在每家基本上都只有一个孩子,家长都会刻意让孩子少做事,不管自己多辛苦都要为孩子打点好。一位妈妈说:"孩子没投生到富贵之家,跟着我们受了不少委屈,再让他小小年纪就干这干那,我自己都觉得自己不像他亲妈……哪怕多打份零工,我宁可雇人来干也不舍得让孩子来分担。"

有这种想法的家长不在少数。他们生怕孩子受一点罪,吃一点苦,但他们忽略了一点,那就是孩子也是家庭的一分子,他们也应该对家负有责任。帮助父母做些力所能及的事情,不仅不会对孩子造成伤害,还能让孩子体会到自身的价值。

小宝已经上小学五年级了,他觉得自己已经可以独立做很多事情了,可是妈妈从来不舍得让他帮忙。

放字诀：家风要紧，教导要松　PART 5

一天傍晚，提着重物的妈妈对小宝说："太沉了，妈妈提不动了。"话音刚落，小宝就自告奋勇："妈妈，我帮你提吧，我很有力气！"没想到妈妈却摇摇头说："你还小呢，提重物不利于长身体。"小宝失望地"哦"了一声，心想：我真没用，都不能帮妈妈一把。

在一些家长看来，孩子都是不爱干活的，而事实上是孩子干活的心，被家长们的全能给阻拦住了。等到家长想通了，想让孩子干的时候，已经为时已晚，孩子在那个时候什么都不管了。所以，想要培养孩子的自理能力，就安排一些他们力所能及的事情去做。孩子做了之后，家长还要及时表扬。千万不能在孩子热情很高的时候，轻易拒绝孩子。否则，孩子帮你做事的乐趣就会被打消。

很多家长在孩子面前基本上都是万能的，即便有些事情不能做到，他们也很少想到要求助于孩子。其实家长们是太小看自己的孩子了，小学阶段的孩子已经能独立完成很多事情。孩子身上蕴藏的能力，可能是你无法想象到的。

网上一篇文章提到一个12岁的女孩，与自小收养她的奶奶相依为命。老奶奶如今已经80多岁了，行动不便。这孩子每天靠捡拾废品补贴家用，不仅能照顾奶奶的起居，还能够保持学习成绩优异。

当然，很多家长会说，我们家日子没过到那份上，怎么可能让孩子受那份罪？没错，条件好当然不用受罪，但适当地锻炼孩子还是必需的。什么也不让孩子做，最终只会培养出一个缺乏自理能力的孩子。

同样是孩子想帮妈妈提东西，来看看下面这位妈妈是怎么做的。

一天傍晚，小悠妈妈经过小区门口的超市顺便买了一箱牛奶回家。孩子见妈妈穿着高跟鞋和长裙子提着牛奶很不方便，就说："妈妈，我来帮你提吧?"妈妈有点诧异,但高兴地说:"是挺沉的,要不你试试?""放心吧,我能行!"说着,孩子抱着那箱对他来说并不轻松的牛奶就往楼上走。

妈妈跟在后面边走边说:"哇,好厉害,真的搬动了!但是,如果你感觉到累了,可以放下东西来休息一下再走,或者妈妈和你接力搬。"没想到小家伙竟然一鼓作气将牛奶搬回自己的家中,并十分自豪地说:"妈妈我一点都没感觉到累!"妈妈不由得赞叹:"儿子,你真是妈妈的小男子汉啊!"

实际上,孩子完全有能力去做到很多事情,只不过很多家长将孩子的这些潜力"扼杀"了。因为家长总是对孩子的能力产生质疑,不肯给他们锻炼自我的机会。家长应该注重培养孩子的动手能力,培养孩子的胜任感,让他们在完成某件事情上增加自己的信心。这样,孩子才能得到真正的成长。

专家谏言:

很多时候,家长们不妨在孩子面前表现出"弱"的一面,然后"求助"于孩子。不要认为孩子起不到多大的作用,甚至会越帮越忙。凡事贵在参与,孩子也需要展示自己的机会。孩子觉得父母也有需要自己的时候,这本身就是一种极大的鼓励与肯定。孩子有被肯定的心理需要,他能做成一件事,帮助一个人,就无形中说明他是个有价值的人。

放字诀：家风要紧，教导要松

有些事该管，有些事要放

> 最好的教育是自我的教育！
> ——苏霍姆林斯基

苏霍姆林斯基先生说过，"最好的教育是自我的教育！"家长对孩子约束的火候和方法要看孩子的情况去确定。很多家长总是打着怕孩子学习分心的幌子，什么事都不让孩子做。孩子应该穿什么衣服，剪什么发型家长也要管；甚至连晚上几点开始休息都要有时间表，连上学前孩子用的学习用具也得帮着准备，有时还被孩子埋怨家长忘了帮他准备某些学习用品。

天底下所有家长都有一个共同的心愿，就是希望自己孩子长大了将来能够成才。但由于家教观念的落后，尽管尽心尽力，但到头来的结果总是事与愿违。只有不会管的家长，没有管不了的孩子。可见教育方法的合理与否，直接导致了对孩子的教育结果。父母什么该管，什么不该管，家长教育之路究竟该怎样走，这是所有家长所急需知道的。家庭教育与学校教育相比，其优点是能针对"个别的"，而不是针对"一般的"教育，这种教育就需要家长去好好理解和揣摩，需要细心了解孩子的生活，认识孩子及发现孩子的特长和缺点，支持孩子去做事情，改正孩子的毛病。根据孩子特点进行逐步改造，有些家长正是因为能坚持因材施教的策略，才得以把孩子领上成功的道路。家长应该给孩子自我空间，要他们脱离父母的怀抱，否则孩子永远学不会独立。

家风，最美的教育是传承

有这样一位母亲，孩子已经八岁了，每次送孩子上学都是她背着孩子，直到快到学校了才肯把孩子放下来……在这样环境下成长起来的孩子，如何能自主、独立呢？家长在孩子小的时候就应该施加管教，而不是一味的溺爱，家长应根据孩子自身的特点，给孩子自由活动的空间，如鼓励他自己结识和找朋友玩，让他在自己的这个空间里当主人。适当创造一些独立锻炼的机会给孩子，以此来锻炼孩子的独立性，但是采取消极的完全顺着孩子的态度，也不利于孩子的成长。俗话说："穷人的孩子早当家。"，家境贫寒的孩子因为恶劣的生存环境迫使他们变得独立自主；如今生活水平都不低，孩子基本上没有什么锻炼自我的机会，所以家长要适当地给孩子创造一些这样的机会，以此来磨练孩子的意志。

香港首富李嘉诚在对待孩子教育方面很有方法。他注意到对孩子的个性和能力培养非常重要。儿子在八九岁的时候就被他叫到公司旁听董事会，当然他还要求孩子发表一些自己的意见。后来，两个儿子从斯坦福大学毕业后，他们想回到爸爸的麾下效力，但他们的请求被李嘉诚拒绝了：你们先去自己打江山，用实践来证明你们是否胜任公司中的职位。最后，兄弟俩在地产和银行两个行业中闯出了一片自己的天地，这期间的艰苦是别人想象不到的，最终俩人成为叱咤商界的风云人物。

李嘉诚对孩子的"冷酷无情"，把孩子逼上了成长之路，铸就了他们不屈不挠的品性。如陶行知所说的一样：让孩子出自己的力、流自己的汗、吃自己的饭才是英雄汉。但是，不少家长对孩子"心太软"，对孩子的一切事情都代劳，饭来张口，衣来伸手，白天接送去上学，晚上陪读到三更，试问不经历风雨如何见彩虹呢？其结果是独生子女难独立，这种现象确实令人担忧。因此，如何在管与不管之间拿捏，应成为家长重要的必修课。

放字诀：家风要紧，教导要松　　PART 5

美国家长从孩子出生后就开始对孩子进行教育，让孩子独自睡在一间房子里。等孩子长到有害怕心理的时候，家长就在晚上睡觉前到孩子卧室给孩子一个吻，说句：晚安，我的宝贝。孩子在自己的房间有玩具的陪伴，甜甜地睡去。还有他们对孩子独立能力的训练，美国家长让只有六七个月大的孩子自己学着喝奶和吃饭。孩子常常把饭桌搞得一片狼藉，但就是这样，美国家长也不亲自喂孩子，而是让孩子自己学着吃。等孩子到了快上小学的年龄，他们常常带孩子外出旅行。每当遇到需要渡过山涧时，就会叫孩子观察水流，寻找最浅、水流最快或最慢的地方，自己做出判断，然后由父母决定是否可以渡过。

家长只有在孩子选择不当的时候才会指点孩子怎样辨别水深和流速。上山的时候，他们从不让孩子乘坐高山缆车，总是让孩子自己徒步攀爬。如果遇到有危险的路段，就让孩子自己判断是否安全，能否继续攀爬。就是这么反反复复的训练，孩子具有了一些冒险精神。为了让孩子学到更多的生活和生存技能，美国孩子从小就会使用电器工具，当然这是在家长指导的前提下。父母经常对孩子说："你学会了这些，再遇到什么东西坏了，你自己就可以修好了。"工具包里的工具应有尽有，每种工具的性能孩子都了如指掌，这完全归功于父母对他们的悉心指导。

和孩子共同成长，这样的爱才是真正的爱。孩子自己觉得喜欢去做的事情，或其他爱好兴趣，家长就应该不用管孩子，而是给予支持，那样才能让孩子和家长很好地相处，让孩子在一个比较活跃的环境中去成长！

家风，
最美的教育是传承

专家谏言：

　　家长应该是最了解孩子的人，因此每个家长都应该把孩子当作最"特别"的个体来对待，知道自己的孩子应该怎样教育，孩子的家风应该怎样培养。不能当做流水线上的产品来统一培养。对于哪些事情该管，哪些事情该放，心里要有一把尺。只有这样，培养出来的孩子才会是优秀的。

放字诀：家风要紧，教导要松

每个孩子都是独一无二的

> 每个人在受教育的过程当中，都会有段时间确信：嫉妒是愚昧的，模仿只会毁了自己；每个人的好与坏，都是自身的一部分；纵使宇宙间充满了好东西，不努力你什么也得不到；你内在的力量是独一无二的，只有你知道能做什么，但是除非你真的去做，否则连你也不知道自己真的能做。
>
> ——爱默森

人和事物都是有两面性的。孩子一方面会按照自己的心愿去探索世界，但孩子天生也有强烈的模仿能力，他们善于从大人那里学习，来了解身边的事物和这个世界的一切。随着年龄的渐长，孩子会把模仿的重要对象转向同龄人，同龄人喜欢什么，他就喜欢什么；同龄人有什么，他就想有什么。这时，父母就该注意了。艾尔弗雷德在对女儿的教诲这点上就值得父母们借鉴。

某个周末，从教堂做完礼拜回来的艾尔弗雷德一家走在回家的路上。一阵动人的笑声就此让一家人停住了脚步。那阵笑声实在是太悦耳了，艾尔弗雷德6岁的女儿情不自禁地转过头去，同时心里嘀咕：这是谁呀，这么快乐？

原来是七八个和自己年纪相仿的孩子正在街角玩耍。他们像小动物一样追逐嬉戏，时不时就会发出由衷的笑声。这是什么游戏啊，能让他们这么快乐，未从玩过游戏的自己都被那么热烈的氛围吸引了。她多么希望自己能像这群孩子一样嬉戏打闹啊！她一边走一边回头看着这群嬉戏的孩子，直到这群孩子的影子渐行渐远为止……

回到家里，她的心再也无法平静下来。她非常想跟那些孩子一样，而不是在父亲的店里帮忙做事，回到家又帮母亲干家务。她按捺不住自己内心的疑问，问艾尔弗雷德："爸爸，为什么我们不能像别的孩子那样嬉戏玩耍呢？"面对女儿的问题，艾尔弗雷德一点也不感到吃惊。因为，他早就猜到了女儿早晚有一天会问他这个问题。他既没有责备女儿也没有像其他父母那样哄自己的孩子，而是给女儿讲了一个道理。

他说："你也不小了，做事也应该有自己的主见了，不能因为别人在做什么，你也跟风，你需要遵从你的内心，问一问你自己是否真的喜欢做这件事。不要因为没有从众而随波逐流，要有自己的抉择。如果有必要，就去领导群众，但不要随大流。"

女儿很聪明，她明白了父亲话语中的含义，顿时心中的不快被抛在了九霄云外，内心的委屈也烟消云散了。她明白，父亲之所以这样对待她，是为了她能有个与众不同的将来。从此，这种观念在她的心中生根发芽，并成为她的人生准则。

这个小女孩，就是将来英国政坛上鼎鼎大名的女首相撒切尔夫人。

人活着，不能只是随波逐流，因为大多数人做的事情不一定是对的！著名作家柯云路说："别人想什么，我们控制不了；别人做什么，我们也强求不了。唯一可以做的，就是尽心尽力做好自己的事，走自己的路，按自己的原则，好好生活。"

此外，父母还要注意这个问题。现在成人的很多东西都渗入到孩子的

放字诀：家风要紧，教导要松

心灵。比如，许多稍大一点的孩子都会喜欢大人们爱好的流行歌曲，而对儿歌的爱好，却渐渐失去。不仅如此，有不少孩子还追星，有的是自己主动去，有的是因为别的孩子追，他也跟着追。环境是最能改变人的，现代社会，网络、媒体都比较发达，各种各样的信息，包括很多不适合孩子的信息环境，把孩子们都给笼罩了。即使我们的孩子，一直以来都有个性，也会受到同龄孩子的影响，也会受到很多负面信息的左右。而孩子的甄别能力还比较弱，社会又相当复杂，这样问题就来了。

同时，父母本人在教育孩子上也要避免犯从众的错误，看别人如何教育孩子，自己便一一效仿。看到别的家长给孩子报各种补习班，就也给自己的孩子报上；看到别人家的孩子学跳舞，心想自己的孩子也不能落后……一味地模仿，而根本不去考虑这种教育方法是否适合自己的孩子，孩子是否喜欢。这样到头来，不但消耗了大量的时间和精力，还无形中忽略了孩子本身具有的闪光点。因此，教育孩子千万不可从众，随大流只会被大流所淹没。孩子从众时，父母要告诉他，这个世界虽然纷繁万千，有上百种领域，上千种行业，上万条道路，一个人不必赢得全世界，只要找到属于自己的领域，然后坚持不懈地走下去就好。

专家谏言：

站在遗传学的角度看，我们每个人都是与众不同的，自己不像别人，别人也不会像自己，自己就是这么独一无二。所以每个人都是与众不同的，是这个世界上的新人。"望子成龙"心切的父母不要让孩子去步同龄人的后尘，也不要强迫孩子去模仿那些成功人士，而应鼓励自己的孩子充分利用大自然赋予自己的一切，去创造奇迹，走出一条属于自己特色的路。

家风,最美的教育是传承

跌倒后就要学会自己站立

> 古之立大事者,不惟有超世之才,亦必有坚忍不拔之志。
> ——苏轼

不论是哪一个孩子,他们都是在父母的呵护下长大,父母在孩子成长的过程中一直扮演着"保护者"的角色,直到孩子完全独立,他们才会放开双手。因为长时间在父母的关怀下成长,孩子无形之中养成了凡事依赖父母的习惯,不情愿自己独立。聪明的家长将挫折视为教育孩子独立的好机会。

在《聪明的一休》动画片中,有这样一个情节让人过目不忘:为磨练一休,母亲让一休去寺庙当和尚,独立生活。有一次,一休不慎被一块石头绊倒,自己的腿也磕破了,可站在一旁的母亲却视若无睹,连手也不愿伸出来拉一休一把,母亲只是冷冷地说了一句话:"跌倒了就用双手自己撑着爬起来。"

一休从母亲的话中明白了一个道理,跌倒了就自己爬起来。

谁都有过跌倒的经历,但每一次重新站起来之后,就会发现现在的自己比原先站得更稳。这里,孩子们不仅感受到家人的鼓励,更发现了隐藏在其中的力量。这是一种鼓舞的力量,时刻滋润着他们幼小的心灵:不流眼泪,要坚强,要靠自己的力量站起来!

放字诀：家风要紧，教导要松 PART 5

美国总统约翰·肯尼迪的父亲从肯尼迪小的时候，就很注意对他独立精神的培养。有一次父亲驾驶着一辆马车带肯尼迪出去玩。由于车速过快，肯尼迪在一个转弯处从马车上甩了出来。当马车停下来时，肯尼迪原以为父亲会亲自扶他起来，但父亲并没有这么做，而是坐在车上，悠闲地吸着香烟。

肯尼迪大声说道："爸爸，帮帮我，扶我起来吧。"

"你一定摔得很疼吧？"

"是的，我觉得我好像站不起来了。"肯尼迪哭哭咧咧地说道。

"再疼也要自己坚持站起来。"

肯尼迪摇摇晃晃地站了起来，挣扎着爬上了马车。

父亲随即向爬上马车的肯尼迪发问："知道我这么做的原因吗？"

肯尼迪不解地摇着头。

父亲接着说："人生就是不断地跌倒和重新站立。不论在什么时候都要靠自己，没人会帮你的。"

从那件事情之后，父亲就更加注重对肯尼迪独立精神的培养，例如常常带着肯尼迪参加一些社交活动，教他一些交际能力，在不同的场合如何展示自己的谈吐和气质，如何坚定自己的信仰，等等。有人问他："每天等着你要做的事情有那么多，你从哪里腾出来的时间教孩子这些？"

谁料肯尼迪的父亲给出了这样的回答："我在教肯尼迪如何成为一名总统。"

小孩跌倒并不是什么稀奇的事情，但每次小孩要依靠大人的力量站起来，久而久之就会使孩子养成一种依赖感；除此之外，孩子跌倒了就哭，如果家长不及时制止的话，会让他们变得更加娇弱。肉体上的摔倒不算什么，怕就怕日后心理上的摔倒，心理上摔到了就真的爬不起来了，所以，

家风，最美的教育是传承

从孩子小的时候就注意培养他们自己爬起来的精神，将来他们才能鼓起勇气面对更多的困难。

然而并不是每个家长都能做到这般"狠心"，引导孩子独自站立。现实中，很多家长更愿意看到孩子的成功，害怕看到孩子失败，所以每当孩子遭遇困难时，这些家长就显得沉不住气，总会在第一时间对孩子施以援手。更有甚者，不论何时何地总会跟在孩子的身后，从来不给孩子遭遇挫折的机会，凡事都代而为之。最常见的就是，孩子一摔倒，家长们连忙上前搀扶。其实孩子只要没摔伤，家长们应该鼓励孩子靠自己站起来。过分溺爱孩子，会让孩子丧失信心，不能独立面对一切挫折，这显然是我们教育中最大的败笔。

要引导孩子学会心理上的坚强不是一朝一夕就能完成的事情，这需要行之有效的科学方法。家长们爱子心切，看孩子小不舍得让孩子自己去做一些事情，这间接导致了孩子日后变得不自信、不坚强。而且，应该从孩子小的时候就注意对其独立性的培养。所以说，家长的意识对孩子的一生有着至关重要的影响。

专家谏言：

　　漫漫人生路，很可能在某个时候，我们特别渴望得到别人的帮助，但当别人的帮助成为一种习惯时，那么势必会造成自己不积极进取的结果。对于一个杰出的人来说，他的信念就是："凡事靠自己，靠自己去奋斗。"

放字诀：家风要紧，教导要松　PART 5

家风并非是强迫教育

> 教育最复杂的任务之一，就是把服从法律的强制性向教育孩子善于动用自己的自由权力结合起来。孩子只要不做有害于自己和他人的事，就应当让他们有行动的自由，不要硬去改变孩子的意愿。要让孩子懂得，他们只有为别人提供达到目的的可能性，才能达到自己的目的。
>
> ——康德

很多家长认为，让孩子有家风，就要从小强迫孩子什么事都听自己的，唯命是从才是。而在现在的社会中，在家长教育孩子的问题上，家长又总是喜欢将自己的意愿强加给孩子，用所谓成熟的思想干涉孩子的选择，对孩子的兴趣爱好视若无睹，这样的做法对孩子的心理打击是非常大的。

佩佩因为喜欢唱歌，并且具备一定的音乐天赋，她被老师选进了校合唱团。但已经读初三的佩佩，妈妈出于中考加分的目的，却给她报了美术班。佩佩没有理会这些，她总是利用课余时间练习唱歌，看的电视节目也常常以那些歌舞类晚会为主。

一天，正在练习唱歌的佩佩被妈妈大声呵斥道："烦死了，唱的这么难听还唱，还不赶紧画画去！"

佩佩顿觉心寒，这无疑打击到了她的自尊心。于是她无可奈何地拿起了画笔，顿时感到手臂重如千斤，此时此刻她觉得画画对她来说就是一种惩罚。妈妈的举动让佩佩甚为不解，她不清楚妈妈为什么总是强迫她做不喜欢的事情。慢慢地，佩佩被这种消极的情绪影响着，学习成绩越来越糟。

很多父母总是将自己的喜好强加给孩子，举例来说，孩子的兴趣对他们来说就像空气一样，他们不管孩子愿意不愿意，一厢情愿地替孩子选择特长班，而且不允许孩子拒绝，否则，对孩子是非打即骂。失去自由和选择权利的孩子怎么可能有快乐的心态呢？

家长自认为自己的出发点是好的，如果孩子有自己喜欢的兴趣爱好，父母不能利用学习的幌子打击孩子的兴趣爱好。家长的这种做法是令人愤慨的。

如果家长忽视孩子的兴趣爱好，将自己的意愿强加给孩子，那么孩子的天赋就会无从发挥，结果适得其反，弄得亲子关系日渐疏远。"强扭的瓜不甜"，强迫孩子放弃自己的兴趣爱好，这个道理同样也适用。

抛开遗传因素不说，兴趣因素对孩子能否有所成就有着重要的影响。说得具体一些就是，兴趣是最好的老师，孩子会因为自己的兴趣爱好积极投入到这件事情中，他们愿意投资更多的时间和精力准备做好这件事情。因为兴趣带有主观倾向，主观倾向更能激发一个人的好学精神，从而促使人愿意花更多的时间和精力做这件事，从而达到满足自己的目的。

举例来说，孩子如果爱好下棋，无论学习时间多么紧张，他们还是会挤出一些时间与人博弈一番；喜欢球类运动项目的孩子总是会找时间去运动。切莫忽视这些挤出来的时间，经过日积月累后，它们所爆发出来的能量是惊人的。

小时候的姚明就酷爱打篮球。姚明的父母鼓励他做自己喜欢的事情，但没有刻意说教他把篮球当成自己的终身事业。姚明父母最初的心愿还是

放字诀：家风要紧，教导要松

希望姚明像普通人一样，按部就班地读书、考大学、找工作。可姚明最终还是选择了篮球作为自己的职业，长大后的姚明发现自己愈发离不开篮球，篮球已经成为自己生命当中不可或缺的一部分，并以球技甚佳的球员为榜样来奋斗。因此，姚明的打球方式总是和他崇拜的那些偶像十分相似。最终，他成为了一名职业球员。

通过上述案例我们不难发现，兴趣对一个人性格的形成和成长有着多么重要的影响。这个时代是一个崇尚个性的时代，某一领域的专业人才会更多受到大家的关注与青睐，培养孩子最好的方法就是将孩子的兴趣爱好最大化。尤为关键的一点，孩子的特殊能力往往是因为自己的兴趣爱好而被激发的，而兴趣爱好把孩子的潜力发挥到了最大化。如果能正确引导孩子的兴趣爱好，孩子会在快乐的氛围中学习，将来才可能在该领域有一番作为。

父母对孩子倾注了自己全部的心血，凡事都为孩子着想，殊不知，太多的爱对孩子来说有时就是一种无形的负担，不堪重负的孩子会因此步履蹒跚。如果父母的爱不能被孩子理解，他们就会刻意躲避父母，甚至有时候向父母发脾气。其实这种爱无形中成为了孩子成长的阻碍，这种爱在不知不觉中将孩子的个性扼杀。

因此，父母在这一问题上，要讲究"爱"的方法。首先，关爱不是无节制的，对孩子来说最重要的是得到父母的尊重和理解，放开手脚多给孩子一些独立自主的空间，用正确的关爱来引导孩子吧。

著名小品表演艺术家潘长江的家庭氛围就十分民主、和谐。

潘长江的女儿名叫潘阳。潘阳说："父母不会因为自己年纪小就不听自己的意见。凡是关于我的事情，他们都会事先听听我的想法，哪怕我的想法是多么的幼稚或不成熟。"

从小就身为学校艺术委员的潘阳，常常听到周围的亲戚朋友对自己的父亲这样说："老潘你应该带带潘阳，靠你的知名度，将来孩子一定能火。"潘长江曾经有一段时间也产生过这样的念头。

有一天，潘长江认为帮助潘阳的时机到了，刚刚回到家中的他立刻对潘阳说："姑娘，向你报告一个好事！央视晚会请咱爷俩去唱歌，你看行不行。"

潘阳思考了一会儿，回答说："爸爸，经过前思后想，我还是不去了。"

潘长江随即问道："唱歌不是你的爱好吗，能告诉老爸不去的原因吗？"

"虽然唱歌是我的兴趣所在，但以我现在的唱歌水平是不足以支撑我上晚会的，并且我其他的一些综合素质也达不到上晚会的标准。老爸，我认为现在时机还不是很成熟，况且我不想戴上一顶'潘长江女儿不会唱歌'的帽子。"

潘长江为女儿能有这番主见而倍感欣慰，女儿长大了。于是潘长江尊重了女儿的决定，将这次演出的机会谢绝了。

后来，众好友都力劝潘长江："潘阳这么好的条件，你不带带真可惜了。你还得给她思想上做做工作，拿出老爸的权威来！"

潘长江笑着对好朋友们说："孩子有自己的想法，我们应该尊重，而不是横加干预。这就像修剪出来的花草虽然好看，但毫无生气可言。只有还给他们成长的自由，孩子才会长成参天大树！"

生活中，父母可以借和孩子聊天的机会，给予他们耐心的倾听和多一分的理解，多听听他们自己的意见，让他们自己做决定，这样，孩子才会把心灵之门向你敞开，对你诉说自己的内心世界。

其次，不要将自己的决定强加给孩子，让孩子自己做决定。父母可以利用自己的经验引导孩子,但孩子的意见一定要非听不可。孩子在具备选择能力时,就要让他们自己做出选择。父母要尽可能创造多一点条件和机会给孩子,让孩子在自己的兴趣中成长,让孩子自己的兴趣爱好成就自己的未来。往往是兴趣爱好将孩子的潜能开发到最大化,最终让孩子在该领域有一番作为。

佳佳颇具数学天赋,高考后,她被北京大学录取。但被北大录取前,她有一段鲜为人知的经历。

因为数学成绩优异,佳佳很小的时候就被奥林匹克学校录取了。进入学校后,由于贪玩和看武侠小说的缘故,老师常常批评佳佳。因为学习环境过于压抑,佳佳便萌生了转学的念头。

毫无疑问,转学对这个年龄段的孩子来说可是一件大事,但是妈妈并没有因此干涉女儿的决定,尽管奥林匹克学校是一所人尽皆知的好学校。妈妈将选择权交给了佳佳,并对佳佳说:"既然你已经做了决定,就要为你的决定负责到底,你想好了就行。"

转学后的佳佳更加痴迷于武侠小说,学习成绩一再退步。妈妈便找佳佳谈心,想问问佳佳对将来的规划。

佳佳坚定地对妈妈说:"北大附中是我将来的目标。"

妈妈说:"嗯,这是一个不错的志向,但是,想要完成你的目标,数学成绩是很重要的,以你现在的数学成绩,呃,你只有重返奥林匹克学校才有可能完成你的目标。"

佳佳想了想,说:"好吧,那我再考奥林匹克学校!"

经过努力佳佳又考进了奥林匹克学校,后来又顺利被北大附中录取。妈妈在佳佳做选择的过程中没有干涉过她,只是引导佳佳对自己做了一个正确的评估,从而使佳佳做出了最佳选择。

步入社会，孩子必须在此之前具有独立自主的能力，所以，从孩子小的时候，各位家长一定要注意培养孩子独立自主的精神。将一些事情的决定权还给孩子，让孩子心甘情愿地为自己的选择而去努力。

除上述之外，尤为关键的一点就是对于孩子不感兴趣的事情，家长们千万不要强迫他们去做。

聪明的家长，懂得让孩子去做自己感兴趣的事情，引导孩子正确认识自己的兴趣爱好，并帮助孩子提高自己的兴趣水平。这样做，孩子的学业不仅不会受到影响，而且还起到了促进学习兴趣的积极作用。

父母强迫孩子做不喜欢的事的后果，只能让孩子对你倍加反感，结果适得其反，孩子变得越来越不听话。

专家谏言：

古希腊哲学家苏格拉底有句名言："认识你自己！"父母是孩子第一任"老师"，所以家长有责任帮助孩子认识自己，让孩子清楚自己的喜恶所在，而不是一味强迫孩子顺从自己的意愿。

PART 6
智字诀：理性做事，平和待人

好的家风能够培养出优秀的孩子，有教养的孩子。但如何让孩子传承好的家风，让孩子能够欣然接受呢？光靠打骂是不行的。对待不同的孩子，父母应该做到理性引导、平和对待孩子。当孩子有负面情绪时，要循序渐进地引导，使孩子能够摒除恶习，秉持优良的品性。

莫让掌上明珠燃起嫉妒之火

> 有嫉妒心的人，自己不能完成伟大事业，便尽量去低估他人的伟大，贬抑他人的伟大性使之与他本人相齐。
> ——黑格尔

试问这个世界上最聪明的动物是什么，毫无疑问就是人类，但是不了解对手的人实在太多。这些人中大多都是自命不凡、志大才疏之辈；亦或者是极度缺乏自信；或者用自己的短处和别人的长处相比，这样怎么会成功呢。而这些，和我们的家风、和我们的教育脱不了干系。

不少孩子不能知己知彼，单凭一腔好胜的热情，盲目自大，从不尊重对手客观强大这一事实，而一旦失败，更无法面对事实，最后难免产生妒忌心理，甚至是攻击对手的行为。

对于从小生活在优越环境下的孩子来说，他们无疑是大人们的掌上明珠，很多孩子都喜欢以自我为中心，从不考虑他人感受，更不能接受别人强于自己的事实。在教育孩子的过程中，父母一定要正确引导孩子，使其走出这种不健康的心理。孩子的嫉妒心变相也说明孩子的上进心，他的欲望，而他又无法实现的心情，无法接受对手比他强的现实而已。父母培养孩子的竞争意识，也应该让他们明白尊重对手的道理，学习对手的长处，弥补自身的不足。嫉妒心较强的孩子，急切渴望胜利，但内心又极度缺乏自信心，最后甚至做出一些诋毁对手的行为。

家风，
最美的教育是传承

云溪的好朋友小文作文写得特别好，几乎篇篇都是大家学习的范文。云溪很不高兴，觉得自己很没有面子，就经常当面叫小文"大作家""小鲁迅"，弄得小文很尴尬。云溪还在背后对大家说："她的作文我好像在哪儿看到过似的。她爸爸花钱请家教，是家教老师辅导她做的。"由于云溪的话毫无根据，同学们都很反感她。云溪和同学们的关系也由此变得很紧张。

妈妈得知这一切后，就很坦率地告诉云溪，嫉妒别人是很痛苦的，心里憎恨别人，又无法说出憎恨的原因，靠讽刺、背后说坏话来发泄，既不能让自己变得强大，也不能阻止对手的进步，只能是掩耳盗铃自欺欺人的游戏罢了。云溪很快认识到了自身的错误，就按照妈妈所说的，努力去欣赏别人的优点，学习别人的长处，将嫉妒转化为进取的动力。慢慢地，云溪学会了尊重和赞扬对手，并开始注意对手取得成绩的方法和诀窍。不久以后，云溪的作文也被老师当作范文给大家学习了。

云溪深有感触地说，我们的进取心不应建立在嫉妒别人的基础上，嫉妒不是解决问题的办法，尊重对手，学习对手的长处才能使自己获得长足的进步。

嫉妒是一种很复杂的心情，其中包括了不服气、不舒服、不开心，自惭形秽与怨恨交织，埋在心里会折磨自身，表现出来会贻害他人。因此，必须尽早熄灭孩子心中嫉妒的火苗。

专家谏言：

人生在世，每个人都对成功有着无限的渴望，每个人都希望别人因为自己的优秀而羡慕自己。但每个人都各有长短，谁就能一定比别人绝对强呢？只有扬长避短，知己知彼才能够战胜强大的对手。

智字诀：理性做事，平和待人　PART 6

自卑的孩子如何感受阳光的灿烂

> 自信心对于事业简直是一种奇迹，有了它，你的才干便可以取之不尽，用之不竭；一个没有自信的人，无论他有多大的才能，也不会抓住一个机会。
>
> ——卢梭

因为自卑，有的孩子觉得自己是一只丑小鸭；因为自卑，有的孩子总是觉得自己做不好很多事情，于是不敢接受挑战，而是胆小怕事，畏首畏尾；因为自卑，有的孩子觉得自己很笨，老师不喜欢自己，于是不敢向老师请教问题；因为自卑，有的孩子认为同学们瞧不起自己，于是拒绝和大家接触，人际关系一塌糊涂……总之，如果孩子自卑，他就不会感受到生活的灿烂阳光，不会轻松地享受快乐和幸福，更难以获得成功。

李瑞是个又高又胖的孩子，爸爸听李瑞的老师说他200米都跑不完，这很可能影响到中考时的体育成绩。而且上体育课的时候他不喜欢和同学们一块活动，做运动时总是往后溜，或者干脆不做。

一天放学回家，爸爸对李瑞说："儿子，你为什么上体育课不积极活动呢？"开始李瑞沉默不语，在爸爸的开导下，他才说："其实我很喜欢体育运动，但是我太胖了，运动时样子很难看，我怕别人会笑话我。"

针对李瑞的想法，爸爸诱导他说："运动时的样子好看与否不重要，重要的是参与其中，并乐在其中。我相信你一定能够克服这种自卑心理，从体育中体会到乐趣的。"

爸爸特意和李瑞在周末的时候一起去跑步,并针对儿子运动过程中的闪光点给予肯定,同时鼓励儿子跑步时要有耐力,不管自己和别的同学相差多少,一定要坚持到最后一刻。慢慢地,李瑞找到了自信的感觉。一个月之后,老师告诉李瑞的爸爸,说李瑞不再像以前那样自卑了,现在能轻松跑完 1000 米。

有人曾经问过居里夫人:"您认为成才的窍门在哪里?"居里夫人很肯定地回答说:"恒心和自信力,尤其是自信力。"居里夫人在言语中所体现出的就是我们经常说的自信心。自信心是人人都拥有的宝库,而孩子心中的这块宝地,更是要注重发掘和培养。

李浩无论怎么努力,学习成绩始终在中游徘徊,每次考试成绩出来后,父母都感到不满意,对李浩非打即骂。

有一次,李浩考了全班倒数第一名,他沮丧地告诉爸爸,等待爸爸的回应。出人意料的是爸爸高兴地说:"太好了,你考了倒数第一名就意味着没有负担了。"李浩吃惊地看着爸爸,说:"爸爸,你是不是病了?"爸爸说:"我没病,我清醒得很。过去爸爸有病,总是对你那么粗暴,对你那么不知足。后来我想通了,学习是你自己的事,我瞎着急没有作用。爸爸相信你是很棒的孩子,今天你考倒数第一就是新的起点,爸爸为你高兴。"

李浩从爸爸的话中获得了爸爸对自己的信任和尊重,获得了学习的动力。不久后的一次考试中,李浩的成绩在班里排第 25 名。爸爸说:"太好了,你原来的成绩是最后一名,现在一下子考到第 25 名,你简直太棒了,想当年爸爸上学的时候也没有你进步得这么快。"孩子心想,这根本算不了什么。第三次考试他考到了全班第 8 名,爸爸说:"儿子,我真是太高兴了,

智字诀：理性做事，平和待人　PART 6

你的进步让我非常自豪。"

　　李浩的进步与爸爸的鼓励是分不开的，爸爸的鼓励给了他更多的信心和动力。虽然无法保证这种方法能够使每个孩子都提高成绩，但是它能极大地改变孩子对学习的态度和对自己的认识，这是学好的必备精神状态。学习毕竟是孩子自己的事情，让孩子明白父母一直在支持和鼓励着他，他就会越学越有劲，而不是整天紧张兮兮的，提心吊胆的。

　　一位教育家曾说过："赏识带来愉快，愉快导致兴趣，兴趣带来干劲，干劲带来成就，成就带来自信，自信带来更大的成就。"孩子在年幼的时候，缺乏自我评价的能力，常常需要从父母和老师那里得到肯定和赏识，以此来衡量自己、认识自己，从而建立起自己的自信心。

　　自信是人生最宝贵的财富。成功者一般携带三种"法宝"：性格坚韧，善于积累，自信心。而这三种品质中，自信是最重要的。教育孩子，需要让孩子学会充满自信地生活。这比给孩子一大堆物质财富重要得多。没有自信，就没有成功。一分自信，一分成功；十分自信，十分成功。

专家谏言：

　　只有自信的孩子，才能战胜困难，走向成功。教育孩子，父母需要不断培养孩子的自信心。这样才能更好地调动孩子的各种潜能去克服困难，这对其以后的人生道路有着非常深远的意义。

家风，最美的教育是传承

"熊孩子"爱恶作剧，家长如何管

> 爱子不教，犹饥而食之以妻，适所以害之也。
> ——申涵煜

恶作剧是孩子调皮、好动的一种表现形式，当孩子长到 5~12 岁时，总有那么几年"混沌期"，这个时期的孩子比较机敏，表现欲强，他们希望通过恶作剧的方式赢得别人的认可和赏识，或表达他的幽默。比如有的孩子喜欢在老师的粉笔盒里放一只小虫子或往女同学桌子上放死蟑螂，当老师或女同学吓得哇哇叫时，他们就高兴得乐不可支。孩子的恶作剧令老师和家长烦心不已。

德国儿童心理学家托马斯·卡尔松认为，爱搞点恶作剧的孩子富有想象力和创造力，日后成才的可能性较循规蹈矩的孩子更大。因为恶作剧行为需要孩子的精心策划、设计，这需要孩子开动脑筋，而且动脑筋的强度比做家庭作业高得多，这对孩子智力发育无疑是一次提高。

但尽管如此，父母对孩子的恶作剧也不能听之任之，因为孩子的恶作剧是非理智型的，他们对一些东西的破坏和对他人的伤害常常是让人料想不到的。如果我们不及时引导和改正孩子恶作剧的毛病，他就可能因放纵自己而损害别人，甚至是犯罪，这给他一生带来的危害是无法估量的。

河北省枣强县某村的几个小学生，放学后到铁路附近玩耍，在途中遇到了一名挂双拐的学生，于是他们就搞起了恶作剧，把残疾孩子的双拐夺了去，放在一个井边，结果当残疾孩子爬过去取拐杖时，不慎落入了3米多深的井里。幸好井中没有水，残疾孩子才没有被淹死。

在美国，曾发生了一件"小"事，但这件小事却让一代青年人脸上蒙羞。美国的孩子喜欢恶作剧，这是人所共知的事实。但是，美国的许多父母并没有及早改正孩子恶作剧的毛病，致使许多孩子进入大学后，仍然对恶作剧乐此不疲。这件小事就是由恶作剧引起的。一个美国黑人大学生在新加坡留学时，把恶作剧的毛病带到新加坡，新加坡容不得这种美国式的恶作剧，按照法律，要对这个黑人大学生重责8鞭。

当时，克林顿是美国的总统，为此他亲自致电新加坡政府，要求新加坡方面能对这个学生手下留情。但新加坡是一个法治的国家，依法办事，根本就不给美国总统的面子，坚持要铁面无私地对这名学生进行体罚。

从电视上，成千上万的美国大学生目睹了黑人大学生遭受鞭打的场面，很多人泣不成声，每一鞭虽落在这名黑人学生的屁股上，却疼在美国青年的心里。那一道道带着血的鞭痕，让许多大学生明白了过分的恶作剧带来的最终结果是什么。

当我们面对孩子的恶作剧行为时，要及时地引导和改正孩子的这种毛病。否则，等孩子的恶作剧行为成为自身一种坏习惯时，再让他改正就为时已晚。

传说，一个小孩子因为搞恶作剧受到了柏拉图严厉地批评，小孩子为此深感不满地说："就因为这点小事，您犯得着这样吗？"柏拉图严肃地回答："长此以往的话，你将来一定会出大乱子。"

帕克赫特说："我今天的性格在很大程度上是过去的产物，它集中体现了我过去的思想和行为，过去岁月的全部都凝聚成今天这一刻的性格。"

每个人都在用一生的时光撰写着自己的"历史"。心灵就像一台留声机一样，会忠实地记录每个人所做的一切，哪怕像一阵风那样微弱的念头，像丝线那样细小的行为，都会在心灵深处留下或深或浅的印记。帮助孩子改正喜欢做恶作剧的毛病时，不要打击孩子的情绪，这就需要根据孩子的性格、做出的行为来具体处理。下面提供几种处理孩子恶作剧的方法：

第一，进行冷处理。

相对而言，喜欢恶作剧的孩子大都具有强烈的表现欲，通常是无恶意的。这种情况下，家长要"冷处理"，佯装不知，不对他恶作剧有任何反应，一两次之后，孩子觉得很无聊就会放弃。

第二，和孩子一起收拾残局。

对于恶作剧造成的残局，家长要和孩子一起收拾。一般来说，孩子对自己制造的残局是不想收拾的，但家长不要放弃，坚持和孩子一块儿收拾，在收拾的过程中，孩子能从中体会到一种对自己行为后果的责任。

第三，找出根源，灵活处理。

孩子的恶作剧行为通常是"无意"状态中的，认为"有意思""好玩"，但也有的孩子制造恶作剧是有着深层的原因。比如，孩子遭到误解、冷落、打骂时，或是心情烦躁、孤独无聊时，就会对家长、对老师和其他人采取报复行为。对这种原因造成的恶作剧，家长要善于觉察，从心理上解除孩子的不良行为。

专家谏言：

许多孩子喜欢恶作剧，都是因为好玩，而不去考虑别人的感受。这种情况下，家长可以设计一个产生同样后果的"陷阱"，让孩子跳进去，感觉一下恶作剧的滋味，给他一个教训。这种方法往往很奏效，因为让他吃点苦印象会更深。

拒绝急躁，教孩子遇事冷静

> 父亲用自己的一举一动来影响我，熏陶我，使我的言谈举止带上一副绅士的派头。他认为这是待人接物最重要的技巧。
>
> ——小托马斯·沃森

好的家风能够教导孩子有修养，而且可以引导孩子遇事冷静、做人谦虚，从小让孩子养成好的秉性和习惯，这样的家风才会培养出优秀的孩子。如果家风不好、家教不严，而孩子从小就脾气暴躁、遇事急躁，这样，不仅影响孩子的人际关系和未来的人生，同时也反映出整个家庭的教育问题和家风的好坏。

小承最近很苦恼，因为他没有朋友，与周围同学的关系也不融洽。小承知道自己的缺点，就是一遇到事情就容易急躁，在与别人交流的过程中，略微不合自己的心意就表现得不耐烦。在学习和生活中，很多同学、同伴都不喜欢和他相处。小承感到很孤独。

小承小时候就属于急性子那一类的，做事任性，他想要什么恨不得马上得到，如果不能如愿就选择哭闹。在小学时，他学习比较好，有些同学向他请教问题。一开始他很乐意给别人讲解，然而当他讲完一遍同学还不明白时，他就没有耐心，就会烦躁地说"怎么还不懂呢？不就是这样的吗？"后来，同学都不向他请教了。在同其他同学讨论问题的时候，别人的思维

稍微慢一拍，他就说："不说了，急死我了，你们看着办吧！"

在日常生活中，小承也是如此，做事也是常常丢三落四，显得异常匆忙。上学或放学的路上，他也总是行色匆匆，有好多次都忘记锁车。时间久了，大家都知道了他的急脾气，慢慢地离开了他。虽然他有些时候能够表现出热心待人的一面，但大家还是对他避而远之。

急躁是孩子常出现的情绪反应之一。一般，急躁性格的孩子会有以下表现：做什么事情都想急于求成，又没什么准备计划，当遇到困难时格外烦躁；在等待未知的消息时，总会显得坐立不安；和他人发生矛盾，特别容易冲动。在学业上的表现则是好高骛远、急功近利，但又不想付出努力，经过一段时间后看成绩没有起色，就放弃了；尤其是努力后却又看不到成效，就更容易造成越急越成功不了的情况。

小化的脾气特别急。有一次，妈妈让他去买酱油，话还没听完，他就嚷着"知道了，知道了"，跑了出去。可他走了一半才想起来自己忘带钱了，于是只好回家。回家拿了钱出来，在半路上又想不起妈妈到底让他买哪个牌子的酱油，只好又返回家去问妈妈。小化的急躁不仅表现在生活方面，在学习上也同样如此，平日不肯用功，每逢考试前两天就临阵磨枪，但这样总不能达到预期的效果。爸妈都替他着急，这孩子什么时候能变得从容一点儿？

人们产生急躁的情绪，与对问题的认识有关。当人们意识到问题的严重性时，急躁心理就应时而生了。人之所以表现出心神不安和情绪紊乱的状态，正是由急躁所致。急躁的人容易灰心。如果急躁情绪支配了一个做事的态度，那么这个人想要取得成功是很困难的，久而久之，自信心会因此消耗殆尽。

一般而言，孩子有急躁情绪，既有自身的原因，也有受环境影响的原因。

有的孩子急躁，是本身气质类型决定的。胆汁质的人容易急躁。那些充满着必胜的信念和进取心的人往往是胆汁质类型的，试图超越所有人，学习或工作比较勤奋，自觉性强，总是觉得时间非常紧迫，从而表现得急躁。胆汁质的人往往智力较高，能力较强。

孩子缺乏克服困难与挫折的能力也会表现出急躁的情绪。有些孩子在做一件事的态度上常常产生极大的兴趣和热情，可是，当遇到困难或挫折，例如，由于知识的欠缺或是其他原因，学习不得要领而导致失败，他们的兴趣也随之减弱。不久，其他事物又引起了他们的兴趣，结果循环往复。如此反复，由于缺乏应对困难和挫折的能力，孩子遇事就会烦躁不安。

另外，孩子因为受到父母的过分溺爱，也容易产生急躁心理。有的父母凡事亲力亲为，不让孩子插手，久而久之孩子就养成了依赖父母的习惯，一旦脱离了父母的帮助他们将无所适从。如果生活和学业上遇到不顺心的事情，孩子就更容易产生急躁的情绪。

嘈杂的生活和学习环境也是导致孩子产生急躁心理的原因之一。如果孩子长期处于嘈杂、吵闹的环境下，孩子怎么能静下心来学习呢？长此以往，产生焦躁的情绪也在所难免。

孩子急性子，往往给他们的学习、生活带来不利的影响。父母要正确地引导孩子，帮孩子消除急躁情绪。

要让孩子认识到急躁情绪的危害。父母应告诉孩子，不管做什么事都要注意过程，切忌急功近利，"欲速则不达"，并结合孩子以往因急躁而失败的例子讲解，使孩子认识到急躁的危害性，在情绪没有稳定时不采取行动。

要让孩子学会遇事冷静的心态，做事之前认真思考，做好准备和计划等等，多给自己提问题，这样会使头脑冷静下来。

父母还要培养孩子良好的行为习惯，增强孩子的自制力。在日常生活、学习和工作中，加强对孩子良好行为习惯的培养，有规律的生活秩序、有条理的处事习惯，有利于帮孩子克服急性子毛病。

按计划行事，会让孩子做事情有明确的目的，不盲目，有利于孩子克服急躁情绪。父母应该要求孩子在做事情前制订好计划，明确行为目的，按计划内容做事。

父母应该教孩子自我暗示，教育孩子当遇到急躁情绪困扰自己时，就默默地对自己说："冷静解决问题，急躁无法解决问题。"与此同时，并进行深呼吸。

对孩子的感觉和情绪，父母都应持理解的态度。孩子的任何感觉和情绪都应该被允许。如果孩子做错了事，父母就对其一顿打骂，这样只会让孩子产生急躁的情绪，甚至还会产生怀恨心理。

享有盛名的美国教育家斯特娜夫人某天被女儿维尼夫雷特问了这样一个问题："我能去同学家里玩吗？"斯特娜夫人回答道："12点半以前回来就可以。"可女儿回到家的时候整整比约定时间晚了20多分钟。夫人并没有对孩子说什么，只是用手指指了一下时钟示意。女儿马上就反应过来了，并向妈妈致歉："对不起，是我不好，回来晚了。"吃完饭，女儿赶紧去换衣服准备去看电影。这时，斯特娜夫人又指了指钟说道："今天看电影的时间恐怕不够了。"女儿因此流下了难过的泪水。接着，斯特娜夫人又补充了一句意味深长的话："这真遗憾！"

毫无疑问，斯特娜夫人教育孩子的手段是高明的，寥寥数语就达到了惩罚和教育孩子的目的。她明白孩子已经知道自己错了，而且感到歉疚，并为不能够去看电影而伤心。如果这时斯特娜夫人一味地苛责孩子，那么孩子很容易变得急躁，甚至会埋怨母亲。

智字诀：理性做事，平和待人　　**PART 6**

专家谏言：

　　修身养性可以调节一个人的情绪。对孩子而言，调节情绪最好的方法就是通过提升自身修养开始。这种方法能有效改善自己急躁的情绪。比如，父母通过指导孩子绘画、书法培养孩子的耐心，这些活动可增强孩子的耐心和韧劲，加强自身思想修养，久而久之就会养成不急躁的习惯。

家风，
最美的教育是传承

让孩子学会克制，培养孩子的耐心

> 教育是陶冶身心，培养健全的个性，以便能够从容不迫地适应生活中的各种变化。这是从学校和课本知识中所得不到的。主要负担落在母亲的肩上，她必须帮助孩子发展自我克制的能力，加强他们的品行的培养。真正的爱并不是迁就孩子，让他们随心所欲，而是随时约束和教育他们。
>
> ——甘地夫人

一个孩子有没有良好的家风体现在什么地方呢？那就是这个人是否能够克制自己的欲望。当一个孩子能够克制欲望，不是想要什么就只会和父母撒娇哭闹时，那人们就会说这是个懂事的孩子，以后一定会是个好孩子，会成为一个成功的人士。那可能有人会问，克制欲望与成功有什么样的关系？有这个疑问的人很多，而为了探求问题的答案，美国心理学家沃尔特·米切尔就做了"成长跟踪实验"这样一个经典的实验。

沃尔特·米切尔亲自选择了一所幼儿园里的十几个4岁儿童，将他们带到了一间封闭的屋子里。然后，沃尔特将包装精美的糖果发放给这些孩子，并对大家说："你们随时可以把这些糖吃掉；但你们要是能等到我回来还没吃糖，我就会额外奖励你们两颗糖。"说完，沃尔特就离开了。

沃尔特走后的5分钟内，没有一个人乱动。接着，有两个小孩忍不住了，开始吃糖，这下引来了很多的跟风者。到最后，约有一半的孩子吃掉了自己的糖果。沃尔特在40分钟后回到屋子，他如约给那些遵守规则的孩子发放了额外的奖励。

沃尔特对这些孩子做了后续的跟踪调查，那些能够克制自己吃糖的孩子，数学、语文成绩要比那些没有克制自己吃糖的孩子平均高出20分；懂得克制自己的人，在成长的过程中，很少在困难面前低头，他们富有责任心和自信心，容易赢得他人的信任，能够坚强地应对挫折和压力，走出困境，获得成功。而那些经不起诱惑，急不可耐吃掉糖果的孩子，在成长的过程中，容易有自卑、固执、犹豫、压抑的个性表现。他们遭遇挫折时往往心烦意乱，退缩不前，做出胆怯逃避的行为。

这个实验证明：自我克制、抵制欲望是一个人取得成功的重要因素，它甚至比智力因素更为重要。在现实生活中，那些有所成就的人，往往能够把一个个欲望累积起来，变成激励自己不断前进的力量；而那些无所事事的人，总是凭着一时冲动，放任自己的欲望，做出不负责任，甚至违法犯罪的行为。

这里所说的自我控制、克制欲望的能力，就是心理学上的"延迟满足"效应，它是一种为了实现更有价值的长远目标，达到更好的效果，甘愿放弃即时满足的选择，是一种在等待中显示出来的自制能力。拥有这种能力的人能够控制自己的一时冲动，抵制诱惑，不受外界环境的影响，调整心态、耐心等待，坚持不懈地达成目标。这种忍耐和坚持是一个人走向成功的重要品质，是一个人心理成熟的表现。这种心理素质对我们来说非常重要。没有这种忍耐，在重复单调任务的时候可能因为厌倦而半途而废；没有这种坚持，在追求理想时可能因为被诱惑俘虏，享受即时的快乐而偏离了方向，导致一事无成。因此，为了实现远大的目标，获得辉煌的成功，我们需要克制内心的欲望，放弃眼前的诱惑，不心浮气躁，不随波逐流，坚定信心，坚持到底。

任何人，除非先控制自己，否则将无法控制任何人、任何事。人最难战胜的就是自己，也就是说，一个人赢得成功的最大障碍不是来自外界，而是自身。只有控制住自己，才能抑制住欲望，让诱惑在你面前屈服。在我们周围，有些人执着于理想，走着比常人艰辛的道路，他们忍受孤独寂寞，甘于清贫寡欲，难道他们不愿享受舒适的生活吗？不然，但是他们更愿意实现自己的理想，达成自己的目标。尽管有些目标的实现需要坚持十年，甚至几十年。在追求的过程中，他们付出超于常人的毅力、忍耐和坚持，抵制了各种诱惑，跨越了各种阻碍，不管发生什么，依然坚持自己的信仰。前进的道路，绝不会一帆风顺，途中遍布困难和艰险。正可谓"宝剑锋从磨砺出，梅花香自苦寒来"。

原子学说的创始人道尔顿说："如果我有什么成绩的话，那不是因为我有才能，而是勤奋和毅力的结果。"意志是一切发明创造的工具。为实现目标，必须克服不利于前进的情感和行为，用理智掌控大局，即使是自己不喜欢的事情，也必须要做。哪怕是对自己的一点小小的克制，也会使我们变得更加有力，这就是我们常说的战胜自己。

在现代的家庭中，普遍存在这样的问题：父母对孩子过度地宠爱，对孩子有求必应，无论吃的喝的、玩的用的，只要孩子一张嘴，父母就马上予以满足。在这种家庭中成长的孩子往往呈现出欲求过分的特点：父母刚刚给买过一个书包，看到漂亮的，还想要；不管是要什么，一旦开口要求，父母必须马上满足，否则就会哭闹不停，直至得到满足。

然而，很多家长面对孩子的过分要求，往往不能理性看待，冷静处理，总是一味地满足。这导致了孩子娇惯、任性、贪婪的心态和习惯。例如，当孩子要求喝水时，父母便立即倒水，把热水从大碗倒进小碗，从小碗倒

智字诀：理性做事，平和待人

进杯子，边倒边吹，试图让水赶快变凉，好让孩子喝。为了立即满足孩子喝水的要求，大人往往动用了好几个容器，忙得不可开交，一旁的孩子焦急地等待，大人还不忘安抚孩子："这就好，马上就可以喝了，快了！快了！"父母这种看似深刻的关爱，其实，对孩子造成了深刻的伤害。

这种主动满足要求的做法，令子女与家长变成了主仆的关系。虽然家长忙得四脚朝天，但孩子根本不会领情，他的要求会越发的多，越发的过分。这种"有求必应"的教育方法，会造就孩子任性、暴躁、急功近利的性格。这些孩子在家长面前称王称霸，可是一旦到了社会上，必定会饱受挫折打击，他们会发现原来很多东西并非唾手可得，也再没有人为他们忙前忙后了。这都是因为他们没有养成忍耐的性格。

在现实生活中，诱惑无处不在，欲望随时发生。然而，诱惑需要抵御，欲望需要克制，世界并不是以某个人为中心，人活着必须学会等待，学会控制自己的情感和行为。这一点，父母们必须告诉孩子。

人生好比走路，要想穿过这条路，到达终点，需要具备两个条件：一是，我们要找到这条路；二是，我们要坚持走完这条路，二者都需要忍耐。在寻找路的时候，我们必须去尝试，只有经过多方面的尝试，才能够确定我们的道路。这时需要我们足够的耐心，面对一次次的徒劳无功，不沮丧、不放弃。

走上这条路，依然需要耐心。尽管我们选定了路，但并不知道这条路有多长，也不知道这条路的情况如何，如果遇到岔路就迷茫，遇到坎坷就焦躁，走着走着我们就会不耐烦，丧失信心，怀疑自己当初的选择，抱怨命运的不公，后悔自己开始的决定，最后不了了之，半途而废。其实，这样的失败，又怎能怨得了命运呢？要怨就怨自己没有忍耐，要知道，耐心是一切成功的秘诀。

著名生物学家童第周就是一个很有耐心的人。在童第周小的时候，父亲特意为他书写了"滴水穿石"的条幅，意在告诫童第周世界上没有穿不透的顽石，只有没有耐心的人。无论做什么，一定要有耐心、执着地勤奋刻苦。

父亲去世后，童第周的大哥把他安排到宁波师范预科学校读书。一个学期以后，童第周把自己想考效实中学的想法告诉了大哥，效实中学是当时全省著名的学校。于是，大哥对他说："效实中学是用英语讲课的，你的英语根本不行，肯定考不上的。"童第周却不这样认为。他谨记父亲说的"滴水能够穿石"，坚信只要自己够耐心、够努力，就没有做不成的事情。

为了准备考试，童第周坚持每天自学英语，除了吃饭，他很少离开书房。终于，童第周考上了效实中学。进入效实中学以后，童第周继续发挥滴水穿石的精神，年年成绩名列前茅，这都归功于他"滴水穿石"的精神。

柏拉图说："耐心是一切聪明才智的基础。"的确，一个对任何事都有耐心的人，必然不同凡响。

耐心是衡量一个人心理是否健康、心理素质优劣的标准之一，也是一个人能否成功的关键因素。因此，父母需要重视培养孩子的耐心，这不仅对他的学业有所帮助，而且对他今后的人生将会产生重要的作用。

那么，如何培养孩子的耐心呢？

第一，家长要发挥榜样的力量。

孩子做事为人，很多时候都是父母言传身教的结果。很多孩子没有耐心，是因为家长做事也是虎头蛇尾。对待孩子的错误，往往不分青红皂白，一顿打骂；对待孩子的要求，往往不由分说，冷漠拒绝。事实上，家长需要以身作则，教育孩子时要有耐心。孩子做错了事，要给他讲道理；孩子有要求，要理智分辨，该满足的一定要满足。要想孩子有耐心，首先父母

智字诀：理性做事，平和待人

必须要耐心。比如，家长可以陪伴孩子一起学习。当孩子不断地起身、坐下活动时，父母一直坚持不动、认真看书，孩子会受到父母的感染，学习父母的行为，因而也能够安静、耐心地看书。

第二，让孩子了解耐心的重要性。

耐心是做成一件事情的重要前提。孩子在做每一件事情前，要先跟孩子传达耐心的重要性和计划的必要性，正所谓"慢工出细活"，如果做事马虎大意，不仅要补上没做完的，而且要增加时间来处理相关事宜，耗费精力。有计划、有耐心地做，事情才能做得好、做得快。

第三，让孩子学会等待。

孩子毕竟是孩子，他们的心智并没有成熟，也没有多大的耐心，往往只要想到一件事情，总要急于实现，否则便会不停地吵闹纠缠。这时父母就需要坚持，不做任何的让步。如果父母每次都向孩子妥协，孩子就会觉得"爸爸妈妈都听我的，我想怎样就可怎样"，这样下去，孩子会变得越来越没有耐心。当然，父母也不能生硬地拒绝孩子的要求，大声命令孩子不哭不闹，这样孩子会产生逆反的心理。聪明的父母懂得一点，他们会引导孩子认识到等待是有原因的，也是必须的。

第四，从小事做起，从小处做起。

生活中的任何事情都能促成孩子耐心的培养。比如洗碗、叠被子、擦桌子等。一开始，孩子往往会很好奇，做得很热心。渐渐变得不认真，这时家长要及时引导孩子，告诉孩子不论做什么事情都要保持认真的态度，直到他们静下心来，认真把事情做完。家长要让孩子懂得，完成一件事情的重要前提就是耐心。

经过小事的锻炼后，孩子的耐心习惯有所形成。这时，家长要故意给孩子设计一些有难度的"关卡"，以此来培养孩子克服困难的心。凭借自己的耐心，磨练坚强的意志。超强的意志往往是在困境中磨练出来的。每

家风，
最美的教育是传承

当孩子做成一件事情的时候，父母就要不断给予鼓励和支持，用这种正面的回应延续和强化孩子这种良好的行为。

专家谏言：

我们常常会听到有父母责怪自己的孩子过于任性，过于娇弱。可是他们很少从自己身上找原因，其实，正是他们溺爱的行为助长了孩子的娇惯。法国著名教育学家卢梭曾说："知道用什么办法能使你的孩子得到痛苦吗？那就是——千依百顺。"这句话很值得家长们反思！

别让多疑成为孩子成长的绊脚石

> 欺子，子而不信其母，非以成教也。
>
> ——韩非子

生性多疑的曹操是三国时期的一代奸雄。在刺杀董卓的计划失败后，曹操和陈宫一起逃窜至吕伯奢家。曹吕两家是世交。吕伯奢准备杀猪设宴款待曹操，但曹操听到磨刀声和"缚而杀之"的话语，便心生疑虑，他认为是吕伯奢要将自己的首级献于董卓，于是不问缘由，便将吕伯奢一家杀害。曹操因为猜疑心理而导致了一场悲剧。

猜疑心理的主要特征是：敏感，受挫后容易意志消沉，甚至不爱搭理周围的人，每日唉声叹气。有猜疑心理的孩子，会对世界上的各种事物感到怀疑、担心、害怕。

小萝是小学四年级的学生，平时不怎么爱说话。最近，她总有种周围人和自己过不去的感觉，尤其是同班同学。有些同学在班里无意看了小萝一眼，小萝马上说对方："看什么看？"看到同学在一起讨论话题，她就认为大家在讨论她；有的同学在下课时无意碰了她一下，她就觉得对方是故意和自己过不去。老师处理这些事情，小萝总认为老师在偏袒对方。

因为小萝猜疑的性格所致，在班里小萝一个朋友也没有。小萝感觉很委屈，认为自己很不幸，世上没有人喜欢她。

多疑的人往往臆测别人，自我假想一些事情，认为人人和自己过不去，都特别虚伪。

孩子多疑是一种不健康的心理状态，在没弄清楚事实之前，自己就妄下定义，并且总是从消极面出发。往往，别人无意识的行为会被他们误认为是对自己的敌意，从而造成和他人之间的矛盾。

有一天，同寝室的小冬在收拾东西时，不小心将一袋零食放在了旁边小月的床上。小月生怕弄脏了自己的床铺，就瞪了小冬一眼。其实小冬和其他同学并没有注意到这一情况。可是小月立刻后悔了，她怕其他同学看见，不巧的是，正好有一位同学抬头看小月，小月便不好意思地笑了笑。

接下来，敏感的小月非常担心，怕同学说自己太小气。于是，她小心地留意其他同学的反应，也不去上晚自习。看到她那一举动的同学正好又碰到了她："今天的自习你怎么又不去了呢？"小月认为这是让她走开，好和别人议论她刚才瞪眼的事儿。

第二天晚上，大家一起去吃饭，小月回来晚了，见其他人正说笑着，便认为她们一定彼此说好了，真的不理她了。小月总觉得别人用异样的目光看着她。她认为肯定是这个同学和全班同学说了这件事情，全班同学这下都认为她是个小心眼了。

小月的疑心越来越重，听到同学们在笑，就认为他们是在笑自己。为此，小月整天坐立不安，因为她总想着别人在她背后说坏话。不久，小月患上了失眠性神经衰弱，学习成绩也下降了。

多疑会让孩子变得心胸狭隘，无事生非，如果不及时纠正这种不健康的心态，不仅难以维持人际关系，还会对身心健康产生消极影响。

一般来说，抑郁型气质的孩子生性多疑，他们有着细腻的情感，总能抓住别人不易发现的细节。有些孩子爱猜疑则是出于消极的自我防御。他们曾经被别人欺骗过，为了防止这种伤害的再次发生，对任何人都不会轻易相信，与此同时还把别人往坏处想，久而久之就形成了猜疑心理。

家庭环境也和孩子的心理猜疑有着密不可分的联系。如果家长是多疑的，并对自己的孩子持有不信任的态度，也会造成孩子的心理猜疑。

孩子形成猜疑心理，会严重影响其生活、学习和交往的各个方面。因此，父母要从细节入手，关爱孩子，孩子心中的猜疑用家长的真诚去消除，这样家长才能帮助孩子克服多疑的心理。

首先，父母要培养孩子辨别是非的能力，让孩子分清什么是好的，什么是坏的。

由于是非观模糊，孩子也容易产生这种不健康的心理。有些孩子自认为在某一领域不如其他人好，由于自尊心作祟，他总会觉得别人在议论自己，看不起自己。针对这种情况，父母要帮孩子提高辨别是非的能力，强化孩子的优点，增强孩子的自信心，让孩子充满信心地生活、学习。

父母还可以利用英雄的事例为孩子树立榜样，引导孩子多读书，读好书，从而丰富孩子的精神生活，开阔视野。

其次，父母应在学习、生活、思想等方面更多地鼓励、支持和开导孩子。

实践证明，在一些不起眼的小事上表扬和鼓励孩子，常会产生较大的激励力量。对于孩子而言，父母的关心就是最好的鼓励。

宋耀如夫妇共养育了六个子女，他们的三个女儿——宋霭龄、宋庆龄、宋美龄，都是中国近代史上具有深刻影响力的伟大女性。

宋庆龄小的时候很腼腆，兄弟姐妹在一起的时候，她总是显得不爱说话。宋耀如很注重为孩子们营造生活环境和气氛，同时乐于从正面去鼓励孩子、夸赞孩子，孩子们也因此受益良多。

姐弟几人喜欢在家中的院子里玩耍。有一次，姐弟几个玩起了"拉黄包车"的游戏。宋霭龄负责扮演车夫，宋庆龄扮演乘客的角色，妹妹弟弟则跟在后面起哄。正当玩得尽兴的时候，由于"车夫"用力过猛，失去了对车子的控制，宋庆龄一下被甩了出去。"车夫"知道自己闯了祸，呆呆地站在那儿。"乘客"摔疼了，满肚子委屈和不高兴。

父亲宋耀如正好看到了这一幕，走过来对宋霭龄和蔼地说道："不管做什么都要有分寸啊，车夫可不是光使蛮力！如果伤到了乘客，就没有生意了，你说对不对？"宋霭龄尴尬地笑了。宋耀如又转过头来对宋庆龄笑着说："'乘客'能表现出这样的大度，真是勇敢的典范啊！"听到父亲的表扬和鼓励，宋庆龄心中的不快立马散去。日后，宋庆龄真的成为了中国历史上最为坚强和宽容的女性之一。

父母经常用夸赞的方法，从事情积极的一面去教育孩子，可以培养孩子积极的行为，坚强的意志。如果宋耀如怜惜地对女儿宋庆龄说："摔疼了吧？吸取教训，下次小心点。"那么对孩子教育的效果就不会如此有效了。

专家谏言：

作为父母，还应该教孩子注重社交训练，为孩子创造愉快的人际心理环境，尽量多地安排他们参加集体活动。例如，当孩子在社交活动中与对方发生误会时，教孩子同误会的一方开诚布公地谈一谈，及时了解事情真相，以便消除误会。

合理期望，拉近与孩子心灵的距离

> 孩子们遭受的压力是巨大的。它源自环境，包括学校和父母……来自父母的压力之所以可怕，是由于它会对孩子造成深刻的不安全感。
>
> ——阿兰·布拉克尼耶

有的家庭家教比较严格，家风也是"上传下达"，孩子稍有不如意处，就摆出各种长辈或恨铁不成钢的架势来管教、甚至打骂。这样的家庭教育并非是一种好的方式，也无法把孩子培养成优秀的人才，反而可能会造成孩子过大的压力，从而每天都生活在紧张的情绪当中。医学研究表明，孩子的精神压力过大，会引起身体的不良反应。一些孩子在课堂中或挤眉弄眼，或打嗝干咳，或双腿抖动，或目光散乱，或自言自语，其实这不是他们有意"捣乱"或"开小差"，而是由于学习紧张、心理压力过重而导致的神经性紊乱综合征。

孩子情绪紧张，不仅会诱发焦虑症，还会严重影响身心健康。孩子有紧张情绪，家庭和学校的因素都不容忽视。

小远是一名初三的学生，不知从什么时候开始，他发现嗓子痒痒的状况在一进教室时就会出现。后来，小远的这种情况愈演愈烈，课堂纪律也因此受到了影响。小远的爸妈开始误以为孩子存心捣乱，对他进行了几次教育后，发现情况并非如此。于是爸妈带他到医院进行了多项检查和化验，结果并未发现器质性病变。后来，经医生诊断，小远得的是神经性咽堵综合征，主要是因学习紧张、精神压力过大引起的。

父母对孩子要求过高、过于苛刻，而不考虑这些要求是否超过了孩子身心发育水平，孩子慑于父母的权威，就会整天处于紧张的状态。研究表明，家长紧张就会对孩子造成精神紧张；如果家长喜怒无常、喜欢打骂孩子，久而久之，孩子就会变得严重缺乏安全感，从而产生紧张情绪。

孩子的独立性因为父母的过度溺爱而丧失，当孩子脱离父母置身于新环境中，就会产生困惑，不知如何应对，从而导致紧张情绪的产生。同时，孩子对父母百般依赖，会让孩子不能正确认识自己。当孩子遇到不顺心的事情，就会产生紧张的情绪。

有些家长关系不融洽，他们之间的焦虑就会蔓延到孩子身上。他们通常对孩子提高要求来保持家庭的平衡。孩子下意识地听从父母，不断地提高自己，一旦不能达到目标，就会陷入紧张、焦虑的状态。

在学校，由于教师的教法有欠妥当，对"高分数""高升学率"过度追求，造成孩子负担太重，接受不了这种教学方法，也易形成紧张的情绪反应。

管教孩子是父母的重任，当孩子承受巨大的精神压力时，父母应该正确地对待孩子，帮孩子缓解紧张的情绪。

首先，父母不要对孩子太过苛求。

据统计，独生子女学习成绩越差，则学习压力越大。因此，父母不要在孩子的学习问题上对他们提出过高的要求，应满足他们正常的睡眠和娱乐时间。同时，父母应尽量减少孩子的学习负担，让孩子提高课堂学习的效率。

知名主持人白岩松深受家庭文化影响，所以在对待孩子的教育问题上

智字诀：理性做事，平和待人 PART 6

也是阳光式的。他认为，人生不是竞技，不用刻意去争第一，追求更好强过追求最好。

他在寄给孩子的"人生邮件"中说："高高在上的人也会最为脆弱，众人之上的滋味皆尝，如再有下落，感受的可能就是悲凉，于是，就将永远向前。可在不同的生命阶段，第一总是在诱惑着每一个人，每一个人因此而背上了沉重的负担。第一并不意味着就是人生的冠军，风光得了一时，风光不了一世。时代风向标在不停地变换着，站在队伍最前面的名字总是最先被吹走。争第一的人，目光时刻停留在对手的身上，为了第一，甚至不择手段。也许每一次你都能赢，但平静的时候，你能抚平心灵上的亏欠吗。何必把争来的第一当成生命的奖杯！"

白岩松不仅不教孩子刻意追求第一，他还认为音乐对孩子的成长很重要。他曾向一位文化名人请教过，为什么今天的人们还是需要一两百年前的音乐抚慰？这位名人答，人性进化得很慢很慢。让孩子爱上音乐，会抚慰他们的心灵。走进音乐的世界里，孩子的生命会因自己的感受而被激活。那些熟悉的乐章，将会成为生命与心灵的接力。

其次，父母应该不溺爱也不放纵孩子，让孩子在挫折中学会独立。

天下没有不爱孩子的父母，爱孩子是父母的本能。但是父母对孩子的爱需要理智，不能无限制、无分寸地爱孩子，反之，就会变成溺爱。

井上美智代是井上美由纪的母亲，为了照顾女儿她放弃了自己的事业。她不像其他父母那样什么都不敢让孩子做，而是什么都放手让孩子亲自去做。

井上美由纪是早产儿，出生时体重只有500克，并伴有先天性失明，让人难以置信的是，这个盲女儿在学骑自行车时吃尽了苦头，却得不到母亲的任何帮助。母亲井上美智代不去扶跌倒在地的女儿，看到女儿摔破了膝盖和手肘，强忍着泪不去帮她。

井上美由纪只好趴在地上不停地摸索着自行车。在一次骑车之前，她对母亲生气地说道："妈妈，你要不跟在我后面，我肯定又摔倒了。"

妈妈却狠心地说道："跟在后面，你几时才能学会？"

女儿被激怒了，一遍遍地骑上了自行车，却又一遍遍地摔了下来。母亲对女儿的恳求丝毫不动心，她坚持认为，自己如果帮女儿，女儿就学不会骑自行车，因为自行车是一个人骑的。

事实证明，母亲狠心地将女儿推开，主张凡事要靠孩子自己去努力，最终换来了盲女孩井上美由纪梦想的实现。后来，她获得了全日本盲人演讲比赛的冠军，井上美由纪在发表获奖感言时，这样说："从今天开始，妈妈流下的眼泪都会是幸福的。那也意味着我梦想的实现。"

后来，井上美由纪的《在黑暗中拥抱希望》一书成为日本当时最为热销的书籍。

父母对孩子的关心和帮助、激励与引导，才是真正的爱。真正的爱不是一味地呵护与照顾，也不是盲目地强制或代替。

父母要取得孩子的信任与合作，要帮助孩子正确地认识引起紧张情绪的原因，逐渐帮助孩子克服情绪上的难关，鼓励孩子多多参加集体活动，在无形中培养孩子坚毅和乐观的性格。

智字诀：理性做事，平和待人   PART 6

专家谏言：

父母应帮孩子进行全身的自我放松训练，消除孩子紧张和焦虑不安的情绪，如果能够对孩子配合游戏或音乐疗法进行练习则效果更好。

对已经出现焦虑症状的孩子，我们一定要及时引导和疏通。对于轻微症状的孩子，主要通过教育方法及心理支持的方式来缓解紧张的情绪。

家风，最美的教育是传承

锻炼孩子，让孩子告别脆弱的内心

> 当孩子情绪波动时，愚蠢的父母责备孩子，聪明的父母关爱孩子。
>
> ——赵东华

近年来，青少年自杀率越来越高，自杀的人数一直居高不下。我国每年约有 20 万名青少年以这种愚蠢的方式来结束自己的人生。自杀就是这样摧残着年轻人的生命。

这样的孩子从小往往生活条件优越，在家里饭来张口，说一不二，因此当面对人生稍有不如意，内心就无法承受，觉得这是人生无法承受之重。孩子的内心这样脆弱，往往是因为家里没有从小给予孩子良好的家风，没有正确引导孩子该如何面对社会、适应社会，还有一些父母更不要说家风，自己就没有给孩子起到良好的示范作用。家庭的矛盾也往往是孩子产生负面情绪的主要因素之一。

萱萱平时是个听话、懂礼貌的孩子，学习成绩非常好。刚上初中的时候，萱萱经常打电话告诉爸妈自己在班上学习成绩不错，为此，父母都感到非常欣慰。在初二上学期期中考试前的一段时间，萱萱总是感冒生病，很多功课都落下了，然而，争强好胜的她还是对妈妈说，自己一定要考好。

萱萱由于考前准备不充分，考试时自然力不从心。在考数学的时候，萱萱一时想不起来一个很关键的数学公式，感到非常着急。她小心观察了一下，看见老师并没有注意自己，于是就带着侥幸的心理翻看了课本。萱萱在考场作弊还是被监考老师发现了。

对此学校给予萱萱警告处分，还在学校的广播里说了这件事。老师让萱萱写出书面检查，同学们也都对此议论纷纷。一向好强的萱萱深受刺激，感到没有颜面去面对任何人。于是，一天上午，上完三节课后，她对同学说自己身体不舒服，回到宿舍，喝下了预先准备好的农药……有个同学到宿舍拿东西，发现了面色苍白、满嘴药味的萱萱。所幸发现及时，萱萱被抢救了过来。

据调查，我国有24.39%的孩子曾有"活着没意思，还不如死了"的念头一闪而过，有15.23%的人曾对自杀这件事认真地思考过，有5.85%的孩子有过书面的自杀计划，其中自杀未遂人群的比例达到了1.71%。青少年的自杀行为令父母痛不欲生，给社会带来的负面影响更是巨大的。

一位母亲说，一天，女儿从学校回来，泪流满面地说，她最要好的同学自杀身亡了。原来，女儿的同学因为从之前的第五名直线下降到三十多名后，感觉在班里很没面子，就服毒自杀。自从发生这件事后，女儿的成绩也直线下滑，甚至还常常说"活着没意思"这样的话。于是这位母亲整天提心吊胆，生怕女儿会自寻短见……

女儿的同学因为成绩掉队而选择自杀，这件事不仅让她痛失好友，也对她心理造成了极大的打击，朋友的事情给了她自杀的心理暗示，使她萌生了结束生命摆脱学习压力的念头。

一个孩子如果产生了这样的念头，肯定是压力太大以至于精神达到崩溃的地步，此时，他们若无法将心中的不良情绪宣泄出去，最后很可能导致他们选择极端方式结束生命。青少年自杀有自身的原因，也有外部环境的原因。

处于青春期的孩子社会阅历浅，对问题的分析认识能力低，遇到困难容易陷入束手无策的境地。加上其自身性格上的弱点，他们在遇到突发的、较大的困难时毫无应对能力，无法控制绝望的情绪，第一个念头就是用自杀来逃避现实。

在现实生活中，严重的精神疾病会导致某些青少年自杀。医学人员表示，大约有72%的自杀者在自杀前有着非正常的举动，36%的自杀者是精神病患者。

另外，引起青少年自杀的原因是人际关系的僵硬所致。如果一个人的人际关系比较和谐，与周围的人能融洽地相处，他就比较容易找到倾诉的对象，内心的种种不快、压抑都会得到缓解或者释放，一般情形下是不会自寻短见的。

有的孩子得不到家庭温暖，也会产生自杀的念头。父母经常吵架或是闹离婚，或是对别的孩子偏心，很容易让孩子的心理产生不平衡感，受挫后很容易产生轻生的心理。

某些意外的挫折和打击都可以使青少年脆弱的感情崩溃。例如，成绩下降、遭人恐吓、亲人意外离世等突然打击，都可能使孩子产生悲观厌世的念头。

据调查发现，自杀的原因也可能是由于环境改变，孩子无从适应所致。家庭、社会环境的变化都可能引起孩子轻生的念头。

应该对孩子进行一定的抗挫折心理教育，以防止孩子轻生念头的产生。因此父母应采取积极、正确的措施防范孩子的自杀行为，不让孩子产生自杀的念头。

每一个孩子都该学会将不良情绪发泄的方式，青少年心理承受能力弱，不懂得给自己讲大道理，所以要求家长做好这方面的疏通和引导工作。对于孩子而言，最直接的方法就是将不良情绪发泄出来，这有利于孩子身心健康的发展。比如，让孩子去跑步、呐喊等方式都能让自己不良的情绪宣泄掉，只要这些方式是建立在不伤害别人的前提下就可以。明智的父母都会和孩子做好朋友。

一位母亲看见儿子在作文中写了"我妈妈是我的朋友"，她觉得特别自豪。

儿子小时候性格倔强，父母也对他采取过"棍棒式"教育，可是效果不大。母亲认为，长此以往会让孩子产生逆反心理，适得其反。于是父母便与儿子开始像朋友一样相处，把孩子看成一个独立的人。在家里，儿子的观点可自由表述，儿子的意见得到了父母的尊重，父母还对儿子的观点进行分析讨论，这是十分和谐的举动。

儿子取得好成绩时，父母加以鼓励；儿子考差了也不会受到责骂，父母帮他一起分析失误的原因。如今，儿子已经上初三了，繁重和紧张的学习任务没有影响到他与父母之间的交流，不管多忙，每天饭后，他都会与父母一起谈谈一天中的所见所闻和感受。父母支持儿子畅所欲言，有什么事情不要闷在心里。

父母与孩子交朋友有很多好处，孩子会更加信任父母，会变得懂事、孝顺，同时还会不再依赖父母，尽可能做到独立。

父母不要忌讳和孩子谈与自杀相关的话题。据报道，越是在孩子面前讨论自杀的问题，就越可能引发青少年产生轻生的念头。但据最新研究结果显示则相反。研究还发现，如果在孩子面前分析自杀的原因，能舒缓孩子的抑郁情绪，达到警示的目的，从而防止自杀的发生。

领导此项研究的美国哥伦比亚大学教授玛德琳说："如果没有直接向孩子提出这种问题，有时便难以正确认识它。"

对于青少年自杀的治疗和预防的问题，心理学学者认为：父母要学习一些心理学，尽早确认有自杀倾向的孩子，帮助他们度过心理难关。

为了解决这个社会问题，父母还要加强孩子意志品质和耐挫能力的培养。

狮子在动物界中凶猛强悍，没人否认它们是强者。母狮在幼狮生下后不久，便会"无情"地把幼狮往山涧下面推，而且是一次又一次地推，这样是为了锻炼幼狮的生存本领，保持它们种族的强健。

在日常生活中，父母应该有意识地对孩子进行挫折教育和耐挫训练，要狠下心让孩子多吃些苦，让孩子联系自己的生活实际，通过解决问题、克服困难来提高意志力和应对能力。同时，父母应该鼓励孩子参加远足、军训等活动，从而提高孩子适应环境的能力和抗打击的能力。

专家谏言：

当孩子心情不好或是遇到困难时，不要让孩子一个人独自品尝自己的悲伤，而应让孩子学会及时宣泄不良的情绪，告诉孩子，可以把不开心的事和烦恼都写在日记本上，但是千万不要将苦闷郁积在心里。

PART 7

教字诀：家风传承，言传身教

优良的家风需要靠一代代的传承，如果父母自身有诸多恶习，却希望自己的孩子能够有良好的修养和习性，这是不可能的。俗话说，上行下效。家长的言行举止都在潜移默化中影响着孩子。这意味着，欲要从严治家，必先修其自身。

良好的家风需父母以身作则

> 对家庭做一番调查，其中最重要的一个发现，是证实了家庭确实影响到我们的社会问题，那就是一般人的是非观念混淆不清。而建立生活的是非观念最好的办法，是父母在日常生活中的以身作则。因此，作为教育孩子的父母，必须小心检视自己的行为。
>
> ——里根

优良家风，既可以带来极强的社会效应，还可以惠及子孙后代。古人说："刑于寡妻，至于兄弟，以御于家邦。"意思是说只要以身作则，用礼法感化妻子和兄弟，就可以由近及远地教育全国的人民。这就意味着，欲要从严治家，必先修其自身。

己所不欲，勿施于人。要让孩子自觉养成严格要求自己的品行，首先你自己要从严要求自己，做到以严治家从自己开始。

父母是孩子的第一任老师，也是孩子最好的学习榜样，更有人形象地说"孩子是父母的影子"。可以说，家长的言行举止都在潜移默化中影响着孩子。所以，如果希望孩子能做到某些事情，或者对孩子提出某些要求，家长首先要衡量一下自己能否做到。

父母教育孩子的标准是什么？道德、修养、思想等都是家长教育孩子的重要标准。一些父母在教育孩子上重言传轻身教，只是要求孩子该怎样去做，却不能自律，不能在实际行动中给孩子做出好的榜样，不能用行动

去感染孩子。

比如，父母整天嚷嚷着让孩子别贪玩，要把精力放在学业上，而自己却沉溺于各大娱乐场所；一些父母教育孩子要孝敬老人，而自己对父母却不孝也不顺，经常在孩子面前大声责备老人；一些父母教育孩子用语要文明，待人要礼貌，而自己却满嘴脏话，对人粗鲁。这样，怎能教育出好孩子？很难想象，一对不求上进，天天玩麻将、喝酒、进舞厅的父母，怎能教育出一个品德良好、学习优秀的孩子来。

李明是某小学六年级的学生，有一天，他在放学后跑来向他的班主任诉苦："我妈妈很不好，老是要我好好读书。"他的班主任纳闷了，问他："这有什么不好？"

"妈妈经常挂在嘴边的几句话就是，我现在让你住楼房，等你长大有本事了就给妈妈买个公寓住；妈妈现在供你读书多不容易，等你长大有钱了就把妈妈送去国外生活……妈妈自己的工作都做不好，还老要求我一定要考重点中学……"李明一五一十地将心里话都说了出来。

班主任这才弄明白，难怪孩子想不通，原来他是觉得，为什么妈妈现在对我的付出，都是为了在未来向我索取呢！虽然大人们都不难理解这位妈妈的心情，她只是在向孩子展望美好的未来，可是，在孩子看来，大人这样做很自私，对自己放松，却一味严格要求孩子。

"如果全村最好的白菜是妈妈种出来的，我就会佩服她；如果杭州最干净的马路是妈妈扫出来的，我就向她学习，可是妈妈……""妈妈老说，她就这个样子了，可她为什么就不想办法改变自己呢？"李明的这些话让班主任感触良多。妈妈为什么就不能改变呢？这是孩子最大的疑问。

父母的表率在教育孩子的过程中显得尤为重要。孩子通过观察，会从父母那里了解到什么事可以做，什么事情不可以做，从而得出自己的行为

教字诀：家风传承，言传身教 PART 7

准则。父母起到好的表率作用，才能间接地影响孩子，教育孩子。所以，身为父母，凡事都要严格要求自己，为孩子做个好的榜样。

孩子会认为父母做不到的事情却要求自己做到，这样是不公平的。有这种想法的孩子怕父母的训斥，往往是迫于父母的威力才只好努力做下去的。这样，父母在孩子心中的威望就大打折扣。当孩子连最亲近的人都不信任了，他还有什么人可值得信任呢？这个问题很严重。随着孩子日渐长大，他会对所有人产生怀疑，甚至包括社会。他会把自己封闭起来，对很多事情毫无兴趣。这样，家长望子成龙、望女成凤的愿望就都难以实现了。

教育界的一些专家认为，经常对孩子提这要求、那要求，最后只能导致两种结果发生，要么孩子非常懂事，要么孩子被压力逼得自暴自弃。每一个人都可以改变，孩子可以改变，父母当然也可以改变。家长应该扮演起做好榜样的角色，这才是孩子最好、最成功的第一任老师。

不少父母对此有所认识，听到类似的教育理论他们也会有所觉醒，但在生活中他们又不自觉地继续做着早已习惯了的那一套，把有关的教育理论忘得一干二净。所以说，想要改变孩子，做父母的首先要改变自己。你想让孩子变成一个什么样的人，做父母的就先变成那样一个人，给孩子做做榜样吧！

专家谏言：

　　成为孩子的榜样，是教育孩子的关键方式之一。英国心理学家希尔维亚·克莱尔说："如果你自己都不准备去有所成就，你也不能期望你的孩子去做什么。"其实父母只要把自己分内的事情都做好了，给孩子做一个好的表率，孩子自然就会受这种积极因素的影响，向好的方向发展。

孩子撒谎是否是父母的问题

> 成功的家教造就成功的孩子，失败的家教造就失败的孩子。
>
> ——泰曼·约翰逊

任何一个家庭，优良家风的形成，必须以从严治家开始；从严治家，必须从自己开始，要严于律己，在构建优良家风方面，处处以身作则，为孩子们作出榜样。撒谎，这是一种不良的生活习惯，是一种健全人格的缺陷。没有一个父母，希望自己拥有一个热衷撒谎、善于撒谎的孩子。然而，越是对孩子说"你别撒谎，否则爸爸就会揍你！"的父母却发现，孩子的撒谎似乎更加变本加厉了……

为什么会如此？心急如焚的父母，不妨从自己的身上找找问题所在，是不是在平常生活中，你就有撒谎的习惯？如果答案是肯定的，那么，你就别指责孩子了，赶紧把那副凶巴巴的表情收起来吧！

李蕾是个乖巧的好女孩，很少惹父母生气。爸爸妈妈也希望她能够健康成长、学业有成，因此格外看重她的学习成绩。只要成绩好，爸爸妈妈就很高兴，会奖励她不少东西；但如果她成绩不好，爸爸妈妈就会责骂她。

这天，妈妈正在逛街的时候碰上了李蕾的班主任。从聊天中，妈妈意外得知，李蕾上次拿给她的考试成绩单是假的，分数是李蕾自己改动的！

这个消息，使得妈妈不禁勃然大怒，回到家里一把抓住李蕾，大声训斥道："你怎么敢对我撒谎！和你说过多少遍，考多少就是多少，别弄虚

教字诀：家风传承，言传身教

作假！告诉我，你这是和谁学的！"

李蕾大哭了起来，说："我这样就是学你们的……有一次，单位让你加班，你打电话说身体不好拒绝了加班的要求。可是，你最后去逛街了。你还问我，'妈妈聪明吗？'为什么，你撒谎就对，我撒谎就不对？"

妈妈一愣，一时间竟无言以对。

可以看得出，李蕾之所以学会撒谎，关键就是受到了父母的影响。如果父母在平常生活中当着孩子的面撒谎，孩子的模仿性强，可塑性大，家长的一言一行，他们都会看在眼里、记在心里，有样学样。家长撒谎会对孩子产生潜移默化的影响，所以说，孩子撒谎，最主要的原因就是受到了"榜样"的影响。

父母必须明白，在孩子的成长过程中，自己才是他的第一任老师。你做什么，孩子就会学着做什么。你是个"恶人"，那么孩子就很难拥有"善良"的基因。孩子依葫芦画瓢，到头来又被你批评，孩子就会无所适从，分不清什么是对的什么是错的。试想，这样的教育有谁会接受，又如何能成功呢？

要想让孩子从小就做个诚实的人，父母在教育孩子时，就要做到以下这几点：

第一，父母要做诚实的榜样。

想要做好孩子的榜样，那么父母必须做到言而有信。比如，当你许诺要送孩子一个变形金刚，可是你没有买，还说："妈妈忙，没有时间去买了。"孩子就认为你是在撒谎，也学着你的这种方式来"应付差事"。父母一定要杜绝这种事情的发生。

倘若是工作上的事情，父母必须要对领导或同事说出"善意的谎言"，那么父母应该避开孩子的面，在较为封闭的环境中进行。不要让谎言被孩子听到，使他产生"撒谎有理"的错误判断。

第二，平静对待孩子的撒谎。

父母一旦发现孩子撒谎，不要变得暴跳如雷，孩子撒谎，你强调的重点，不在于要他坦白承认说谎，而在于讨论：当事实已经摆在眼前时，他为什么还要坚持否认。要让孩子知道，撒谎是一种非常不好的行为，撒谎的严重性要远远大于错误本身。

刘岩的妈妈在上班时突然接到老师电话，说刘岩打了同学。老师让刘岩带着写好的书面材料找家长签字，可刘岩却迟迟没有把家长签字的材料拿给老师。

妈妈急忙赶回了家，看见刘岩正呆呆地坐着。她按捺住火气，说："岩岩，今天有没有什么东西交给妈妈呢？"

"没有呀！"

妈妈依旧没有发火，只是说："我接到老师的电话了，说之前你应该有一份书面材料要给我。"岩岩把头低的很低，喃喃地说："我不小心弄丢了。"

妈妈见他不肯承认，于是说："没把书面材料拿回家，就托辞说'我弄丢了'，但实际上你弄丢了吗？"

岩岩知道妈妈什么都知道了，只好乖乖地说："妈妈，对不起！"

妈妈继续缓缓地说："因为你打人，我该罚你两天不能看电视，但是你又撒谎，所以罚你三天。假如你知道我们早晚会知道这事，你会怎么做？"

岩岩说："我不知道，但你们肯定会生气。"

妈妈笑了笑说："就算我们生气，也是因为爱你呀，即使你三天不能看电视，那也是很短暂的时间。你现在明白了说谎会得到加倍的惩罚了吧？"

岩岩说："妈妈，我错了，我以后再也不撒谎了！"

教字诀：家风传承，言传身教　　PART 7

刘岩妈妈的心平气和，既让孩子认识到了错误，又避免了一场争执，这种方法，非常值得父母借鉴。

第三，孩子承认错误，父母要及时表扬。

如果孩子主动向父母说明自己撒了谎，那么父母一定不能再训斥，否则就会让孩子感到："我认错你们也训我，那我以后还是撒谎好了！"

正确的方法，应当是父母如此表示："我很高兴你告诉我了，我相信你是可以信任的。你要是继续撒谎，我会罚你在两天的时间内不能看动画片。但现在，你只需为自己犯下的错误负起责任，我就把'罚单'减少一天。"这样，即使孩子以后撒了慌，也会很快承认错误，不会顽固到底。

专家谏言：

对于孩子撒谎的问题，家长首先要从自身寻找问题，看自己是否给孩子起到了坏的作用。其次，即便孩子一开始撒谎，也不要粗暴地用打骂来对待，要找到孩子撒谎的原因，然后进行劝导和化解。打骂只会抑制孩子的一些欲望，对孩子改正缺点的帮助不大，对孩子形成良好的家风起到的作用也微乎其微。

家风，最美的教育是传承

父母脏话连篇，孩子如何学好

> 懂得尊重自己的人，也会懂得尊重别人，这包括尊重自己的孩子在内。
>
> ——硕振飚

优良家风，虽然能够起到潜移默化的作用，但如何才能使优良家风永驻孩子心灵深处，却有很大学问，这就需要明辨尚行。明辨，就是要有明智的分辨能力；尚行，就是要将想法化作行动。这里是指将良好家风灌输到孩子的脑海与心灵深处。作为家长，一言一行都是孩子效仿的对象，在家风家教方面，必须做到"明辨""尚行"，而做到此两点最基础的就是在面对孩子时，要给予孩子良好的引导。

每个父母都不喜欢说脏话的孩子，毕竟脏话连篇会导致一个人的形象大打折扣。因此，在生活中，我们经常会看到这样的场景：孩子刚冒出一句脏话，父母的筷子已经砸了过去……

合理的教育，的确能让孩子杜绝说脏话。然而，如果父母就是一个出口成"脏"的人，孩子每天生活在充斥着脏话的家庭环境里，那么无论如何教育，也都无法起到积极的效果。尤其是有的父母不懂得控制情绪，总习惯"以脏治脏"，污言秽语层出不穷，孩子自然难以改变说脏话的毛病。

一天，王磊的爸爸正在上班，突然接到幼儿园老师的电话。老师对他说，王磊在幼儿园里总是骂人，脏话连篇，怎么讲也不听劝，希望家长能前来一起教育。

爸爸听完，自然是火冒三丈，飞速赶到了幼儿园。他看见，王磊正在一群小朋友的中间，指着一个小朋友，大声说道："你怎么这么笨！连这么简单的动作都不会，你是怎么被你妈养大的！"

王磊的话，让其他小朋友顿时安静了下来，而那个被他骂的孩子，更是号啕大哭。然而，王磊仿佛并没有过瘾，继续骂："哭什么哭！没种的东西！"

王磊的这一举动，让爸爸羞愧万分，走过去拎起王磊的耳朵骂道："小兔崽子，谁TM教会你说脏话了！你看我不打断你的腿，你个龟孙子！"

见到爸爸来了，王磊顿时浑身一颤。不过，他迅速稳定了情绪，大声喊道："爸爸不讲道理！凭什么你能说，我就不能说！你说我就说！我不喜欢爸爸，爸爸是个废物！"

王磊的话，让爸爸愣住了。他没想到，自己在孩子的心里是这个样子；他更没想到，孩子居然对自己有这么大的敌意！他在心里低声地问道："难道，我的教育方法真的错了吗？"

王磊爸爸的教育方式，非常具有代表性。不少父母在教育孩子时，总是不能平静内心的波动，情急之中就采取打骂的方式，出口成"脏"，严重地污染了家庭的语言环境。但父母却以为，自己的这种态度，恰恰能体现自己的地位与权威，于是乐此不疲，各种不雅的词汇成了口头禅。然而这样的父母，又特别喜欢对孩子强调"文明、礼貌"。心口不一、不能以身作则，这样的父母能够教育好孩子吗？

还有的父母，则习惯把对工作中的不满带回家里。一关上家门"狠"不择言，仿佛与这个世界有着血海深仇。可是你是否看见，孩子正在一旁盯着你？别忘了，你是孩子的第一任老师，当他遇到不满时，自然也会采取这种方式来泄愤！

为了教育出一个好孩子，那些满口脏话的父母，赶紧行动起来，做出积极的改变吧！

第一，郑重地向孩子道歉。

父母的脏话，有时候属于口误，例如在教育孩子时，突然有些急躁才脱口而出。这个时候，父母不要转移话题，更不要想方设法地掩藏，而是应当诚恳地说声"对不起"。然后，父母可以解释刚才的行为，并对自己的做法感到懊悔。

"你真是气死我了，怎么又在这道题上做错了？真TM笨！"

看着婷婷的试卷，爸爸情急之下，突然冒出了这样的一句话。刚说完，他立刻捂住了嘴，意识到自己说了脏话。话已经说了，还有道歉的必要吗？爸爸有些犹豫。

婷婷站在一旁，有些沮丧地看着爸爸，说："爸爸，对不起，你别骂我了好吗？"

看着女儿可怜楚楚的样子，爸爸心软了，抱住她说："应该说对不起的是我！婷婷，爸爸刚才一时昏了头，才和你说了脏话，真是对不起！你能原谅爸爸吗？"

婷婷说："爸爸，我当然原谅你啦！谁让你是我的爸爸呢？"

"女儿真乖！"爸爸在她的额头亲了一口，"爸爸也原谅你，这道题下次不能再错了！"

"遵命！爸爸也不能再说脏话啦！"

"哈哈……"

就这样，一对温馨的父女笑成了一团。

我们都知道尊重别人就是尊重自己，这句话对孩子也是适用的。其实

教字诀：家风传承，言传身教

向孩子说句"对不起"，父母根本不会丢面子，反而会赢得孩子的尊重。一句简单的道歉，孩子就能明白说脏话不好的道理，能感受到父母的真诚，从而对自己的言行做出约束。

第二，改掉自己的坏习惯。

说脏话的习惯养成，并非是一朝一夕，因此改正起来自然有一定困难。但是为了孩子的健康成长，父母就要下决心改掉自己身上的那些坏习惯，以防"遗传"给下一代，不仅让自己丢面子，以后孩子还会继续丢面子。

如果父母的确感到自行戒除有难度，那么不妨求助于相关专家。例如，你可以报名参加礼仪培训班，在文明的环境中扭转自己的行为；你还可以多参加大型活动，在友好的氛围下，逐渐改掉毛病。无论这个过程有多艰难，为了下一代，我们必须咬牙坚持。

专家谏言：

父母总是要求孩子有良好家风，做个品质优秀的孩子时，是否想到自己有没有给孩子做到良好的榜样。孩子的模仿能力很强，尤其是和他们整天在一起的父母。因此，当父母面对孩子的时候，一定不要把自己平时那些恶习展现出来，这样既会给孩子不好的印象，孩子也会很容易进行模仿，养成同样不好的习惯，而父母对孩子管教时，孩子也会理直气壮地说"你这样为什么可以，我为什么不行？"自知理亏的父母也就没办法做到以理服人，教育好孩子了。

家风，最美的教育是传承

发牢骚时请远离孩子

> 要教育好孩子，就要不断提高教育技巧。要提高教育技巧，那么就需要家长付出个人的努力，不断进修自己。
>
> ——苏霍姆林斯基

如今生存的压力越来越大，很多人把抱怨当成了最快捷的宣泄方式。在生活中，抱怨如影随形般地跟着人们。抱怨工作中的不顺，抱怨工资跟不上物价的涨势，抱怨孩子学业不如意，抱怨邻居家打扰了自己的休息……如果这是为了宣泄一时的不满倒没有什么大碍，但在孩子面前如此这般就不妥了。

刘紫娟放学回家后一脸的不高兴。经过妈妈的一再追问，妈妈才发现原来是因为考试成绩不理想所致。妈妈让紫鹃好好分析一下，找找没考好的原因。没想到紫鹃找出了一大堆借口来推卸这次考试成绩不理想的责任，什么同桌上课说话，影响她听讲；这次考试题目偏题；老师讲课声音小等。

妈妈见紫娟就是不说自己的原因，就忍不住问她："为什么不找找自身的原因呢？"没想到紫娟却理直气壮地说："我有什么问题，原因根本不在我。让我从自己身上找原因，你怎么不反省一下自己？"

"你没考好，我反省什么？"妈妈一脸迷茫，心中认为是女儿考砸了想推脱责任。

"你怎么了？你每天一下班就抱怨你们公司那堆破事，我烦都烦死了，

教字诀：家风传承，言传身教　PART 7

哪有心情写作业？"

遇到这种情况，不管孩子是不是在推脱责任，做父母的都应该反思一下自己对孩子的影响。最理智的做法就是在失败时从自身找原因，是一种修正，最后才能让你和孩子达到双赢的局面。

很多家长说起孩子的问题总也说不完，就是看不到自己的问题，也很少反思自己——我做得怎么样？父母是孩子的第一任老师，家长让孩子从自身找原因的时候也应该审视一下自己平时的行为；找到教育失误的原因，看看是不是自己或家人平时的态度影响了孩子。要知道，家长的形象代言人就是孩子，孩子的言行举止都和父母的教育息息相关，不管言行举止好坏都和长期的家庭教育有关，所以这一切父母应负主要责任。

几位家长坐在一起探讨最多的事情，莫过于对孩子的抱怨。对孩子的抱怨原因有很多，贪玩、不自觉、懒散、没有自己小时候悟性高，或是抱怨孩子做得不如别人家孩子优秀……这些大多都是家长抱怨孩子的名目。

教育孩子是一个漫长的过程，在这个过程中，家长们并非一路坦途，难免会遭遇一些崎岖。确实，抱怨可以宣泄一时的不快，让自己短时间内变得轻松，但实则是用负面思维影响了自己，无形中推卸了自己教育孩子、引导孩子的责任，换言之，就是为了自己失败的家庭教育找借口。

其实，对孩子现状的不满并不是家长唯一的抱怨目标。职场的压力、生活的烦琐杂事、天气的骤变、油价的上涨、房价的居高不下，等等，都一起掺杂进来。一些家长在工作中遇到了不顺心的事，回家后就将臭脾气对着孩子发。他们常常在孩子面前，抱怨个没完，总是把自己表现出楚楚可怜、无辜的样子。有时在爱人的劝说下，抱怨得会更厉害，甚至还会发点脾气。孩子长期受到这种心态的影响，就会觉得如果出现问题，可以用抱怨的方式来解决。

人生在世，怎会有所谓的"一帆风顺"，遭遇风浪是在所难免的事情。所以说，人生中不可能处处如意。抱怨不能从根本上解决问题，反而会将更糟糕的负面结果带到现实生活中。抱怨情绪一旦占据主导位置，那么以后就会变得消极，积极的心态会逐渐消失。

在孩子面前抱怨会把坏情绪传染给孩子，抱怨孩子更是解绝不了根本问题，所以，做父母的应该跟家人有个约定，为了孩子的健康成长，不管遇到什么事，都不要在孩子面前抱怨。

专家谏言：

抱怨本身就解绝不了任何问题，而父母如果总是在孩子面前抱怨这个、抱怨那个，就会让孩子也养成这样一种不好的习性。而当孩子稍有不如意的时候，也就会总是抱怨，并且在做错事时，也就会推卸责任，抱怨其他的小伙伴，从对方身上找原因。而这种推卸责任的行为最终将使孩子以后在社会上无法立足。

教字诀：家风传承，言传身教

引导孩子做一个懂得分享的人

> 尊重他人的有责任感的孩子，产生于爱和管教适当结合的家庭中。
> ——詹姆斯·多伯森

赠人玫瑰，手有余香。送给别人一个微笑，自己的心灵也会愉悦。自古以来，我国传统家风家训除了强调处理好父子、夫妇、兄弟姊妹等家庭成员之间的道德关系外，还有很重要的一部分，就是告诫家人子弟努力处理好与乡亲邻里的关系，要懂得与亲人朋友分享。

霸道，很多父母在说起自己家的宝贝时，都会用上这个词。如今很多的独生子女的确霸道得很：自己的东西，绝不让别人碰；爱吃的食物，就连爸爸妈妈也不能尝一口。

父母不明白，为什么孩子会变成如此，并且怎么说他，他也听不进去？难道只有打骂才有效吗？其实，孩子不愿分享的原因，很大程度上是因为父母的教育不当造成的。父母不懂得分享，孩子自然就会染上霸道的"怪病"。

小峰体型较大，所以在幼儿园里，他也就成了"霸道小皇帝"，总让小朋友们听他的，自己的东西他们绝对不能碰。即使在家，他也是如此。每次奶奶做红烧鱼时，总会把鱼身给小峰吃，其他人只能吃鱼头。于是，小峰养成了一种习惯：每次吃饭都把鱼放在自己面前。

看着孩子这个样子，爸爸不由皱紧了眉头。这天，奶奶又做了红烧鱼，

家风，
最美的教育是传承

这时爸爸把鱼放在中间的位置，并且夹了一块儿鱼身。

这时小峰不干了，大喊道："鱼是我的，你们不许吃。"

爸爸生气地说："这鱼是奶奶做给大家的，为什么我们就不能吃？"

"骗人！奶奶明明就是做给我一个人的！"

这时候，妈妈也说话了："儿子，别这么自私，你要懂得分享……"

小峰一生气，把筷子扔掉："那你们怎么不分享你的汽车？那次张叔叔来借汽车，你为什么要找借口推辞？人家又开不坏！你可以，为什么我不行？"

"你……"爸爸还想训小胖，但刚一开口，却什么话也讲不出来了。

小峰这样的孩子，正是现实生活的一个写照。尤其是在餐桌上，孩子的那份霸道会更加表露无疑：孩子成为了餐桌的中心，所有的菜食都是以孩子为主。这时候，孩子既不会照顾爸爸妈妈，更不会尊敬爷爷奶奶。

除了餐桌，漫画书、玩具，只要是孩子的东西，他们就绝不会与人分享。看见别人碰，他们就会大哭大闹，认为别人侵占了自己的权利。

而从小峰的案例中，我们可以清晰地看到：孩子不懂得分享，关键就在于父母的"坏榜样"。平常生活中，父母总是说些"咱们家的东西，干吗借给别人"的话，无意中就会被孩子听见。于是，孩子也会理所当然地认为：自己的东西，干吗要与别人分享。

一个自私的父母，想要教育出懂得分享的孩子，这无异于天方夜谭。正是在潜移默化中，父母培养了孩子这种唯我独尊的心理，为孩子的霸道行为铺路。等到他长大时，他会感到人际交往非常困难，那时自然会抱怨父母当年的所作所为。

所以，想要改变孩子的这种心理，单纯的口头教育是绝对没有效果的。只有以身作则，孩子才能懂得分享的道理。

教字诀：家风传承，言传身教

第一，做孩子的榜样。

孩子天生爱模仿，因此，父母就应该成为他的正确榜样。例如，当自己得了奖金时，不妨请同事们"搓一顿"，最好还能带上孩子，让他看到自己的大方；有了一幅名贵字画也不要藏着掖着，可以邀请好朋友一起到家里欣赏。听着别人赞扬你的话，孩子也会认为：原来爸爸这么厉害，能得到所有人的喜爱！

当孩子把父母当作骄傲时，他自然会模仿父母的行为，也会与他人分享自己喜欢的东西。因为，他也想得到别人的赞美。

第二，分享孩子的快乐。

孩子是爱父母的，所以有了快乐，第一时间就会想到跟父母分享。这个时候，父母千万不要推辞，而是应该加入孩子的快乐之中。

一个秋日的下午，大龙在院子里荡秋千。这个时候，爸爸从一旁经过，他急忙拉住爸爸，说："爸爸，咱们来一起玩吧！"不过，爸爸却显得非常着急，只是说了句："你自己玩吧！"然后就走出了院门。

刚走出几步，爸爸突然意识到，孩子难得叫自己一起玩，自己何苦拒绝呢？于是他又拐回了家里。大龙看到爸爸回来，之前的沮丧一扫而光，拉着爸爸荡秋千、打皮球，度过了一个美妙的下午。

晚上睡觉时，爸爸看见大龙的脸上依旧挂着笑容。他终于明白，孩子的快乐是要分享的！于是，以后的每个周末，他都会和孩子一起玩耍，一起收获喜悦。渐渐地，孩子的性格开朗了，朋友也越来越多了，跟小朋友们在一起时自然也表现得大方、礼貌，成了不折不扣的"孩子王"！

与孩子一起分享快乐，就是为了让孩子感到：分享，会让快乐成倍增加！花上几小时，培养出一个乐观开朗、懂得分享的孩子，这又何乐而不为呢？

第三，及时赞扬孩子的分享行为。

如果看到孩子拿出玩具和其他小朋友一起玩，此时父母一定不要犹豫，应当及时赞扬他的这种行为，对他说："宝宝，你真的长大了！你看，那些小朋友们也高兴地鼓掌呢！"这番话，就会让他明白这是好的行为，把分享看成快乐的事。

专家谏言：

要孩子懂得分享，做父母的就要做到两点：一是自己也是一个热爱分享的人，并且让孩子参与进来，让孩子感觉到乐此不疲；二是当孩子做了分享的事情时，父母要毫不吝啬地给予鼓励和夸奖，让孩子对此感到开心，并且觉得很自豪。

教字诀：家风传承，言传身教

对孩子要做到信守承诺

> 家庭是政治社会的原始模型：首领是父亲的影子，人民就是孩子的影子。
>
> ——卢梭

俗话说，江山易改，禀性难移。恪守承诺应当从家庭开始，如果一个家庭中都没有信守承诺做基础，那么进入社会后，就很难有一诺千金的操守。做为父母，首先要给孩子灌输"许人一诺，千金不易"的理念，要求孩子以及家庭所有成员，无论何时何地，都要说一不二，做不到的绝对不要承诺，以免在别人大失所望的同时，也使自己失去了信用。

许诺，是一种激励手段。许下的诺言能实现，会对孩子起鼓劲、促进和教育的作用；反之，许诺后不能兑现，总给孩子开"空头支票"，那么，这个诺还不如不许。

对于妈妈的言而无信，小玲总是很无奈："有一次，我最擅长的语文考砸了，就对妈妈撒了谎，说是成绩还没有公布。后来妈妈得知成绩已经公布了，就追问我怎么回事。我却不肯把分数告诉她。妈妈向我打保票说，即使分数很不理想，也不会呵斥我的。冲着妈妈许下的这份诺言，我将实情相告，没想到妈妈还是那么言而无信，不光挨了一顿骂，还挨了一顿打。后来妈妈警告我，凡是出成绩后第一时间要告诉她，不要瞒她。但经过这

件事后,还让我怎么相信她。"

子曰:"人而无信,不知其可也。"意思是说:"一个人如果不讲信用,那么就没什么可肯定的了。"根据调查发现,如果一个人许下承诺,你能否兑现将直接影响到别人对你的综合评价。

每个父母都知道诚实守信这一做人原则的重要性,对同事、对领导、对客户都会尽可能遵守承诺。可是对孩子,许多父母却认为孩子还小,做不到也无所谓,于是父母们经常给孩子开一张张的"空头支票",令孩子们一次次地失望。

不注意自己的言行,不懂得信守诺言,说话不算数或说一套做一套,这对孩子的一生都有很大的不良影响。一个人失信于人,不仅损坏自己的名声,更会让他失去很多成功的机会,甚至难以立足社会。很多时候,孩子不守信,和父母也有很大的关系。当父母对孩子的承诺没有实现时,孩子就会向父母学习,不再信守诺言,更觉得说到做到是傻子才会做的事,这对孩子的成长十分不利。

所以,父母应在日常生活中做好孩子的榜样,教育孩子要说到做到,做个守信的人。

小嘉和飞飞是同班同学,平日里,两个小家伙关系很好,每天都一起做作业,一起玩。小嘉和飞飞都喜欢踢足球,虽然两人只是小男孩,踢起球来却是像模像样的。

一个周末,小嘉和飞飞提前约好了星期天早上九点去运动场踢球。结果,星期天一大早就下起大雨,小嘉犹豫着要不要去球场等飞飞,可他转念一想:"下这么大雨,飞飞肯定也不会出来的。"于是,小嘉便没有出门,一直在家看电视。

一个多小时后，飞飞的妈妈打电话到小嘉的家里。小嘉的爸爸问出了什么事，飞飞妈妈说："飞飞今天一大早就出去了，说要和小嘉一起踢足球，可是下这么大雨，我让他别去了，他非说要去看看，也好把小嘉叫回来。可是快十一点了，飞飞还没回来，我很担心，就打来问问小嘉回来了没，有没有见到飞飞。"

小嘉这才着急了，他赶快带着爸妈去他们约好的足球场找飞飞。到那儿就看见飞飞蹲在足球场边上，虽然带着伞，但雨太大，他还是被淋湿了，而且冷得直发抖。他们立刻带飞飞去医院，还好飞飞只是有点儿感冒。

回家后，小嘉很害怕，他知道是自己闯祸了。爸妈没有打他、骂他，爸爸把他带到阳台上说："你看，这么大的雨，万一飞去找你出事了怎么办？如果换了是你被雨淋得生病，我和妈妈该有多紧张？你知道自己做错了什么吗？"

小嘉说："爸爸，我知道错了，是我说话不算数，害了飞飞，我应该早点儿去告诉他不去踢球的事。"

爸爸接着告诉小嘉："孩子，我给你讲个故事吧。二十多年前，一位军人在执行任务时牺牲了。在他的墓碑前，他生前的几位战友承诺照顾他的父母。接下来的每个月，这些战友都会给烈士的父母寄生活费，送吃、穿、用的东西，经常去家里陪他们过节。他们坚持照顾烈士的父母，二十多年里，都把这二老当作自己的父母亲人，不离不弃，后来还有越来越多的战友来认亲，想要照顾烈士的父母。他们坚持二十多年，就是因为当初的一句承诺，这是对牺牲战友最好的缅怀。小嘉你是男子汉，是不是也应该信守承诺，说到做到呢？"

"爸爸，我错了，以后我一定要做个守信用的男子汉，说话一定要算数。我要向那些军人叔叔们学习，说到就要做到，不能食言。"小嘉告诉爸爸。

爸爸说："那好，那我们就看小嘉的实际行动喽。"

之后，小嘉果然能做到自己承诺的很多事，虽然都是些小事，但他的确能信守诺言，并尽自己最大的努力做到最好。有时遇到自己拿不定主意的事，小嘉也不会再自作主张地说不做就不做了，而是找父母商量，请他们帮忙。

有的家长为了哄孩子乖乖服药，会骗孩子说"不苦、不苦"；为了让孩子乖乖打针，就骗孩子说"打针不疼的"；孩子的同学打来电话，为了不影响他学习，每每以"他不在"或者"他睡着了"回绝。孩子在无形中就学会了说谎。

还有的家长仗着自己是家长的权威，常常记不起答应孩子的"小事"，更别说兑现了。这些父母认为"我连带他去旅游都答应了，电脑都给他买了，陪他逛街之类的小事又算得了什么？"所以，很多时候正是家长先破坏诚信的约定的。家长的信誉度慢慢降低了，渐渐地孩子就不愿相信家长的话了。

很多父母认为小学阶段的孩子还不懂事，于是便经常对孩子许诺，以此达到哄孩子的目的，他们觉得小孩子哪里会把这些小事记住，久而久之，父母在孩子心中的信誉度就已经跌到了谷底。

父母在教育自己的孩子时，必须先培养孩子诚实守信的道德品质，让孩子认识到重承诺、守信用的人才不容易犯错，即使错了，只要诚心改过，也容易获得别人的原谅，而不致造成过于严重的后果。父母要以身作则，对孩子、对他人的许诺要慎重，确保自己能兑现承诺。孩子是单纯的，他们愿意相信任何人，尤其是与自己最亲近的父母。一旦父母没有履行自己的诺言，孩子心理会受到伤害，也会使父母逐渐失去在孩子心中的威信。

那么具体来说，父母要怎样做才能给孩子做好信守承诺的榜样呢？

第一，家长要以身作则。

家长没必要为调动孩子一时的积极性而说大话，承诺孩子自己根本做不到的事情。因为它只能迫使孩子完成眼前的任务，而不能使孩子坚持不懈地付出努力，久而久之，造就了孩子不讲诚信的坏毛病。言出必行，只要孩子提出的要求是合理的，家长一旦答应就要想方设法去兑现，兑现承诺不仅能取得孩子的信任，还能促进父母、孩子彼此之间的感情。

第二，家长不能兑现承诺，应告知孩子原因并加以弥补。

在许诺之前，一定要想想自己有没有能力兑现，尤其身为父母，更应该考虑清楚自己能不能做到？如果做不到，就不要轻易向孩子许下诺言。当然，的确有困难没办法兑现诺言也是可以理解的，但一定要向孩子道歉并加以说明，并另行约定履行事宜，如："真的对不起，宝贝儿！爸爸单位临时通知要加班，不能陪你看电影了，咱们改成下周末可以吗？"记住，此时父母一定要慎重，确定自己一定能够完成，和孩子另行约定的事可就不能再变了。

第三，孩子不能兑现承诺，告诉孩子可能会出现的后果。

如果孩子自己许下的诺言没有兑现，家长一定要及时引导孩子不可言而无信，不要因为别人不重视自己的承诺，就不兑现。因为如果孩子经常言而无信的话，久而久之，就会对孩子造成一种承诺兑不兑现都无所谓的态度。

总而言之，父母言出必行的态度，将会给孩子带来积极的影响。只有父母做到了言出必行、信守承诺，孩子才会有样学样，传承到父母这种优良的传统家风。孩子的学习和模仿能力很强，如果家长在培育和沿袭一种好的家风，孩子则会看在眼里、学在心里，将这种优良的家风传承下来；同理，如果家长自身有的是不好的品质和习惯，孩子同样会潜移默化地受到影响。因此，做一个拥有良好品格和培育良好家风的家长吧，在生活中

家风，
最美的教育是传承

给孩子树立起良好的榜样，这就等于在孩子幼小纯洁的心灵中播下了优良家风的种子。

专家谏言：

信守承诺，是人的精神品质，是一个人最后的靠山。我们不仅在工作中要秉持"言而有信"的理念，对子女也要从小就教育他们，说话要守信用，不要信口雌黄，随便推翻自己说过的话。

教字诀：家风传承，言传身教  PART 7

家庭教育，首先是家长自己的教育

> 对父母来说，家庭教育首先是家长自身的教育。
> ——克鲁普斯卡娅

有一次，墨子看到一个人在染布，突然间，墨子若有所悟，他感到，人生不正和这染布是一个道理吗？人就好比是布，社会就好比是染缸，本来这丝是洁白的、一尘不染的。然而，把它放在青色的染缸中它就变成了青色，放在黄色的染缸中，就变成了黄色。同理，孩子生性并无善恶，就像一张白纸一般，孩子今后形成的善或者恶很大程度上都是来自周围环境的影响。

孩子出生之后，接触最早，也是最多的便是父母，父母的性格、行为、作风、思想都会给孩子造成莫大的影响。要想让自己的孩子能够形成正确的道德标准，为人正派，作为家长就要不断加强自身修养，提高自身的认识，以自身的良好举动和思想去影响孩子，为孩子做出示范，给孩子树立一个学习的榜样。榜样的力量是无穷的，尤其是孩子的第一任老师——父母。中国有句俗话："龙生龙，凤生凤，老鼠的儿子会打洞。"想要让自己的孩子成龙、成凤，首先就要求孩子的父母要有做"龙""凤"家长的资格，只有达到这个资格了，才能够教育出"龙""凤"来，否则只能是痴心妄想。

著名科学家钱三强和著名核物理学家何泽慧夫妇，不仅在学术上有着严谨的态度，在对待子女的问题上，他们同样丝毫不曾懈怠，他们知道孩子的性格受到父母很大的影响，因此，他们特别强调父母自身的行为，及模范作用对子女品性和习惯的影响。

由于夫妇双方都是杰出的科学家，家中各方面条件和待遇相对都较为优越。钱三强夫妇非常担心孩子会因为父母和家庭环境的关系变得铺张浪费、大肆挥霍，只注重攀比和奢侈，而忽略俭朴的品质。因此，钱三强夫妇首先从自我做起，希望能够给孩子做个好榜样。

他们在生活上一向节俭，从来不追求豪华、奢侈。夫人何泽慧总是穿着自己的"老三样"：晴天一双平底布鞋，阴天一双解放球鞋，雨天一双绿胶鞋。只有一条咖啡色的头巾，已经洗得发白了。钱三强的生活就更俭朴了，他总是说："衣服嘛，能穿就行；东西嘛，能用就行！"

父母这种良好的行为习惯给孩子们做出了良好的表率，孩子们看在眼里，长期受到耳濡目染，自然也就养成了好习惯。钱三强家中的三个孩子没有一个讲究吃穿、派头的，他们待人谦虚、礼貌，从来不和他人攀比。上学的时候也不搞特殊，和其他孩子一样乘坐公交车去上学，穿和同学们一样的校服。他们衣着朴素、吃喝简单、住行平实，在为"人"和为"学"上，都成为同龄人中的佼佼者。

家庭是孩子心灵的避风港。很多孩子的性格形成都和家庭环境密不可分。性格健全、活泼开朗的孩子必定有一个幸福的家庭，生活幸福和睦；而一个郁郁寡欢、心事重重的孩子，往往是因为家庭可能发生了什么变故，或者父母因感情不和而整天吵闹，弄得家里乌烟瘴气。孩子回到家中便面对父母毫无笑意的脸，感受着紧张压抑的气氛，这些都会在孩子幼小的心灵上留下巨大的创伤，这是孩子一生都难以弥补的心灵上的痛楚。因此，为了给孩子一个良好的成长环境，家长就要注意自身言行，改变自己曾经存在的恶劣行为，别让这些恶劣的因素影响到孩子。而想要给孩子提供一

教字诀：家风传承，言传身教

个良好的成长环境，父母就要做到如下几点。

第一，家长要令行禁止，言出必践。

如今的社会，个人信用危机越发严重，很多家长喜欢说空话，说了不做，对他人失信，对孩子失信，久而久之，孩子也会养成讲空话的习惯。因此，凡是要求孩子做到的，父母自身先要做到，凡是禁止孩子做的，家长绝不可越雷池半步，真正地将"言传"变为"身教"。凡是答应孩子的，就一定要为孩子做到。比如，平时答应孩子周末全家去公园玩，结果孩子兴致勃勃地等待了好几天，到了周末家长又要找各种借口推脱，长时间这样下去，孩子逐渐会对家长产生失望心理，家长在孩子心目中的形象也会一落千丈。

第二，家长要注意提高自身素质，为孩子做一个好的表率。

一个本身就不爱学习，只知道吃喝玩乐、熬夜赌钱的家长，一个品行庸俗、行为恶劣、思想低下的家长是不会教育出好孩子的，正所谓"上梁不正下梁歪"，家长平时要养成良好的爱好和行为习惯，比如平时多看看报纸，多读些书，在给孩子做出良好榜样的同时，也提高了自身素质，拓宽了自己的思维，增加了见识，也能够给孩子的一些问题进行答疑解惑。另外，家长可以有意识、有步骤地教给孩子一些待人接物的礼仪，循循善诱，持之以恒，让孩子耳濡目染，从小就受到关于美的陶冶与感化。

第三，家长要养成良好的行为习惯。

这些行为习惯包括：生活习惯、劳动习惯、学习习惯、工作习惯、卫生习惯等。并且要注意生活中的细节，家长要从生活的各个方面去影响孩子，让孩子成为一个全面发展的优秀人才。

家风，最美的教育是传承

专家谏言：

由于孩子们年纪尚小，认识浅薄，辨别能力弱，缺乏主观判别性和独立性，容易以别人的行为作为自己的行为标准。在孩子们的眼里，父母的行为就是一把标尺，他们认为，父母做的，他们也能做；父母怎样做，他就应该怎样做。因此说，父母是孩子的第一任老师。

PART 8

宽字诀：人非圣贤，孰能无过

没有谁一生下来就是完美的。大人都会犯错，更何况是孩子。在教育孩子的时候，不要总觉得所有事孩子都应该知道，任何东西孩子都应该懂得。教育孩子最大的忌讳就是"急功近利"，要懂得给孩子犯错的机会，而当孩子犯错了，也应该只针对问题本身，而绝不可以针对孩子进行"侮辱"。正所谓，人非圣贤，孰能无过。

宽字诀：人非圣贤，孰能无过 PART 8

给孩子一个犯错的机会

> 任何人都要犯错误，人从降生的那一天起，便不断地犯错误（小孩子弄火伤手、吃东西、戏水等，都是一串的犯错误的过程），只有在不断地错误，不断地碰钉子的过程中，才能逐渐懂得事情。
>
> ——刘少奇

很多家长或长辈认为，家风就是长辈说什么晚辈听什么，不容许他们质疑、更不容许他们出差错。对于孩子不听话的行为，很多家长动则打之、轻则骂之。其实，每个人的成长之路都不是一帆风顺的，所有人都会犯错，不管是成人还是孩子。但是，有一些父母却不允许自己的孩子犯错，认为在自己精心呵护和谆谆教导下，孩子还总是出错，是难以理解的。他们怀着求全责备的心态，无法容忍孩子犯错。这类父母经常因为孩子的一些小错误，而无情地训斥孩子，给孩子的心理带来了沉重的压力。

放学了，王虎约了几个好伙伴一起打篮球。没想到，王虎中途没控制好篮球，一不小心篮球飞了出去，正巧打中了旁边看球的小朋友的头。由于力度比较大，小朋友的头一会儿就肿了。

晚上，那个小朋友的妈妈找到了王虎家里，心疼地说道："你家孩子把我儿子的头给打了，你看，肿了好大一个包呢！"

"对不起，阿姨，我不是故意的。"王虎连忙赔礼道歉，虽然当时他已经竭力表示了自己的歉意。

"什么？你怎么把人家给打成这样了？怎么回事？"妈妈生气地质问王虎。

"打篮球的时候不小心打到他了。"王虎回答。

妈妈一听，更加火冒三丈："你这个孩子，你说你都会干啥？打个篮球都打人头上去了！真给我丢脸哪！"

"妈，我说了，我不是故意的！"

"你还顶嘴，错了就是错了。下回再出现这样的事情，你就别想再玩篮球了！"妈妈指着王虎的头说道。

王虎觉得自己没有错，妈妈竟然还当着外人的面骂自己，伤心极了，关上房门，眼泪就止不住地夺眶而出。

"这孩子就是不懂事！大姐，您见谅啊……"妈妈又给那个小朋友的妈妈赔礼道歉。那位妈妈一时也不知所措，没想到一件小事竟然闹成这样，她本只想来看看王虎，顺便借着这件事让自己的孩子跟着王虎一块儿学篮球呢！

人这一生难免会犯错，成人如此，孩子犯错的可能性更高。父母应该懂得，孩子犯错误是一件很平常的事情，不要像故事中王虎的妈妈一样，因为孩子的无心之举，而武断地训斥他，这样做只会深深地伤害孩子的自尊心。如果王虎妈妈能够抱着宽容的态度，明白打篮球误伤他人有时候是无法避免的，再稍加提醒和教导王虎，最后就不会变成这样了。

父母作为过来人，应该明白在成长的过程中，犯错误是在所难免的。试问哪一个成人不是在一次次的错误中积累经验教训，慢慢长大的呢？成长中的孩子心智还未成熟，父母不能要求孩子做到十全十美，况且这也是不可能的。有些父母，为了防止孩子再犯同样的错误，还会对孩子横加指责，

宽字诀：人非圣贤，孰能无过　PART 8

甚至会棍棒相加，让孩子幼小的身心饱受摧残。这些做法其实并不真的对孩子好。

父母要理解孩子，了解孩子身上的不足，要允许孩子犯错误，让孩子明白犯错误并不可怕，可怕的是犯了错误却不承担责任。犯错是人成长之路必经的历程。从某种程度上来说，孩子犯错并不是一件坏事，父母可以在孩子犯错的时候好好地教育孩子，通过分析错误的原因，帮助或引导孩子找到正确的做法，同时鼓励孩子从自身的缺陷中找寻发展的方向和动力，从经历的错误中累积经验教训。只有这样，孩子才能不断进步和成长，这可比不让孩子犯错强多了。

父母在孩子的成长路上，总是习惯溺爱孩子，总想把孩子保护起来，生怕孩子磕着碰着，舍不得孩子受挫折。其实，这并不能真正地帮助孩子，父母不是万能的，无法呵护孩子一生，以后孩子独立生活时，如果无法自我保护，该怎么办呢？所以，父母要允许孩子自己在生活里摸爬滚打，通过不断地犯错学会自我成长，父母要学会正确引导孩子面对错误，还要学会适时放手，这样孩子才能成长起来，才能变得有担当。

妈妈给赵力买了一辆自行车，让赵力学车。一次，赵力在学车时不小心摔倒了，结果人受了伤，车也摔坏了。

回到家，赵力很害怕，担心妈妈责骂，于是一直都低着头默不作声。妈妈发现儿子不对劲儿，于是就问："赵力，你怎么了？"

赵力不敢说话。妈妈觉察到赵力可能做了错事，于是就耐心地说："赵力，不要害怕，有什么事情告诉妈妈。"

"妈，我……我把自行车摔坏了。"赵力吞吞吐吐地说。

"啊，摔啦，那你摔伤没有？"妈妈心疼地问。

"擦破点儿皮，没关系的。可是自行车骑不了了。"

家风，
最美的教育是传承

"哦，原来是这样。没关系的，学车哪能不摔呢？人就是在摔倒中长大的嘛！自行车坏了修一修就好了。"妈妈开导赵力说。

"妈妈，我知道了。您真好！"

很多时候，孩子犯错是由他的好奇心引起的，父母不仅要允许孩子去犯这类错误，还要引导他，大胆去探索，不要害怕犯错误。但是如果孩子犯的是原则性的错误，例如欺负弱小、偷窃、撒谎等，父母就一定要让他知道，那是不被允许的行为，并且还需要通过适当的惩罚让孩子引以为戒，不再犯类似的错误。

专家谏言：

　　孩子的成长需要成功的快乐，也离不开挫折的痛苦。父母允许孩子适当犯错，孩子才能经历更多的磨练，在痛苦中体会到成长的快乐，在挫折中真正成长。

宽字诀：人非圣贤，孰能无过 PART 8

吾日三省，给孩子一些时间思考

> 吾日三省吾身：为人谋而不忠乎？与朋友交而不信乎？传不习乎？
> ——曾子

我国自古以来就有自我反思的古训和家风。父母在教育孩子的时候，要懂得自我反省，并且也要把这项技能传授给孩子。其实每个人都要有自我反省的精神，要敢于正视自己身上存在的缺陷和不足，不断地修正，不断地全面提升自己。善于自我反省的人，能够总结每一次成功的经验与失败的教训，在下次做事的时候能够发挥长处，避免重蹈覆辙；而不善于自我反省的人，则会一次又一次地陷入同一个失败的深渊当中，永远难以取得什么进步。

赵亮一直想要养宠物，他最喜欢毛茸茸的小动物了。最近赵亮的学习成绩有了明显的提高，所以爸爸就答应送赵亮一只小猫作为奖励，并让赵亮承诺，一定要好好照顾这个小伙伴。赵亮高兴地点头答应了下来。

实际上赵亮属于三分钟热度的孩子，当养宠物的好奇劲儿过去之后，他就开始嫌麻烦了。每天都要帮小猫准备食物和水，还要帮忙清理小猫的排泄物，赵亮觉得太辛苦，但已经答应了爸爸妈妈会照顾好小猫，如果他现在再说不想要小猫了，爸爸妈妈肯定会训斥他的。

不想被爸爸妈妈训斥，又觉得照顾小猫很痛苦，因此，慢慢地，赵亮开始疏远小猫，并把积攒的怒火发泄在小猫身上。

这一天，当妈妈正在厨房做饭的时候听见一声小猫的惨叫，她忙跑出去看发生了什么事情，却看见赵亮正在用脚踢小猫，小猫蜷成一团可怜地叫着，仿佛在求赵亮住手，可赵亮却没有停下的意思，相反还不解气地又踢了它两下。

妈妈赶忙制止了赵亮："赵亮，你怎么能这样对待小伙伴呢？小猫会受伤的。你不是答应了爸爸妈妈，会好好照顾它吗？"

可是面对妈妈的训斥，赵亮就像没听见一样。

妈妈见他这个样子心里来气，抬手就要打赵亮。幸好爸爸这个时候走了过来，拦住了妈妈。

"赵亮，如果躺在地上的是你，爸爸用力地踢你，你会怎么？"爸爸问他。

"我会疼，会哭，会讨厌爸爸。"赵亮不假思索地说。

"是啊，你挨踢会疼，会受伤，会哭，会讨厌爸爸，那你用脚踢小猫呢？小猫就不会疼，不会受伤了吗？"爸爸开导赵亮。

赵亮不作声了。思索了片刻，赵亮对爸爸说："我错了，我不该这样，我以后再也不会欺负小猫了。以后我一定会好好照顾它，就像爸爸妈妈照顾我一样。"

爸爸欣慰地揉了揉他的头。

上面这个故事中，面对赵亮的错误，妈妈打骂的方法并不会奏效，而爸爸循循善诱的方法就能让赵亮发现自己的错误，并做到自我反省，有着良好的教育效果。日常生活中，父母也应向赵亮的爸爸学习，不要只靠批评来教育孩子，而应让孩子主动发现自己的错误，学会反思和自我反省。

高尔基说："反省是一面莹澈的镜子，它可以照见心灵上的污点。"意大利诗人布朗宁说："能够反躬自省的人，就一定不是庸俗的人。"曾子说："吾日三省吾身。"佛学典籍《坛经》有这样一首诗："身似菩提树，心如明镜台。时时勤拂拭，勿使惹尘埃。"这都是在告诉我们，人要常常自省，养成自省的习惯，才能使自己的心如经常拂拭的明镜一样明亮。自省是人们对自我认识、提升自己、实现自我价值的重要手段。自古以来，每个成功的人士，必然是懂得自省的人。因此，我们要注重培养孩子的自省能力，让他懂得时时自省，养成自省的习惯。

许多成功人士在谈到自己取得成功的心得体会时，总是会说："不停地犯错误，然后反省，并改正它。"一个人之所以能够攀得更高，走得更远，就是因为他能够不断自我反省，自我提高，越过一个又一个成功的顶峰。

孩子年幼，活泼好动，犯错误的时候也多，当孩子犯错误时，家长不要不问缘由就一顿臭骂，其实犯错误的人，往往是容易成功的人，因为他敢于尝试，不怕犯错误，才会有不懈的探索精神，才会吸收经验教训，逐步向成功靠近。自我反省是孩子成长的一个秘诀。一个不会自我反省的孩子永远也长不大。孩子通过反省及时修正错误，不断地调整精神信息系统接受信号的灵敏度和准确度，以确保信息系统不出现紊乱。学会自我反省的孩子，就等于掌握了自我完善和健康成长的秘方。

有很多孩子会犯这样的毛病，他们明明犯了错误，不仅不知悔改，反而将责任一概推脱给他人，自己拒不承认。尤其是从小宠着长大的孩子，更容易滋生这种坏毛病，总以为自己是对的。对于这样的孩子，家长需要开导，让孩子学会自我反省，认识到自身的错误和缺点，及时发现，及时改正，那么，家长要怎样做才能让孩子学会自我反省呢？

第一，冷处理法。

孩子犯了错误之后，会有一定的自责心理，如果父母发现孩子犯了错误，不要给予纠正，最好要当做什么都没发生过，等找到恰当时机之后，再对其进行教育，引导其进行自省。列宁的妈妈就是这样教育列宁，引导他自我反省的：有一次，列宁跟随妈妈去姑姑家做客，他不小心打碎了姑妈家的一只花瓶。姑妈问："是谁打碎了花瓶？"列宁由于害怕被责骂，于是没有承认。列宁的妈妈对此事心知肚明，但是他没有当面揭穿列宁，而是装出相信他的样子，一直没有提起这件事。每当空闲时，她有意识地给列宁讲诚实守信的美德故事，等待儿子能主动认错，终于有一天，列宁哭着告诉妈妈："我欺骗了姑妈，欺骗了大家，我说不是我打碎了花瓶，其实是我干的。"

听见孩子羞愧的诉说，妈妈欣慰地告诉他，只要向姑妈写信承认错误，姑妈就会原谅他。于是，在妈妈的帮助下，列宁向姑妈写信承认了错误。

第二，让孩子学会承担责任。

很多家长过于疼爱孩子，一旦孩子犯了什么错误，家长喜欢"护犊子"，凡事都替孩子担责任，而孩子觉得反正有大人承担，自己做错了也无所谓。如果父母一直这么做，孩子会逐渐丧失责任心，也不会意识到自己的错误，从而还会重蹈覆辙，所以，家长要让孩子学会自己承担责任，这样孩子才会认识到问题的严重性，才会自我反省，避免再犯类似的错误。

第三，让孩子学会总结经验教训。

孩子犯了错误，家长要诱导孩子学会总结经验和教训，比如，"为什么会犯这样的错误，到底错在哪里了"，假如孩子有了这种想法，他就已经开始学会自我反省了。

人无完人，智者千虑，也必有一失，更何况常人呢，如果犯了错误只是一味地抱怨或是后悔，是毫无解决办法的，也是不可能取得成功的，只有敢于面对自己的错误，承认自己的错误，发现自己的错误，并做出更正，扬长补短，才能够不断完善自己的品行，不断上进。

宽字诀：人非圣贤，孰能无过　　PART 8

专家谏言：

做清醒之人，反省己过，不欺人也不自欺，是中华民族的光荣传统，因为这关系到一个人的忠信、廉耻。这些思想，可用来救治世人之病。作为修身的必备条件，作为本质上至纯、至善、至美的品质，它必将随着人类的不断繁衍和进化，越来越受到人们的重视。

家风,最美的教育是传承

批评也要顾及孩子的自尊

> 不要担心犯错误,最大的错误是自己没有实践的经验。
> ——沃韦纳戈

如今社会,很多家长都喜欢当着他人的面来教育孩子,以彰显自己的家教严格,家风良好。有些家长还会不顾时间、地点就对孩子大声斥责,更有甚者还动手打孩子。殊不知,这样的教育并没有什么效果,反而会引起孩子的心理逆反,激起孩子的对立情绪,即使孩子认识到了自己的错误,他也会宁折不弯,甚至强词夺理。

人都会有自尊心,孩子也不例外,家长们千万不要忽略这一点。尤其是有外人在时,孩子的自尊心会更加强烈。家长如果总是对别人讲自己孩子的缺点或是在别人面前呵斥孩子,孩子的自尊心会大大受到伤害。孩子的自尊心比成年人要强得多。孩子会因为自尊心的受伤遭遇更多的打击。因此,当着别人的面对孩子进行批评的做法是不当的,这样非但起不到教育的效果,还会给孩子心理上造成致命的打击。

相反,如果父母懂得尊重孩子,在他人面前赞美孩子,和孩子单独在一起的时候再批评孩子,孩子则很容易接受批评。

周末,王阿姨来阳阳家做客,送给阳阳一个包装精美的儿童大礼包。阳阳妈妈悄声交代阳阳,等王阿姨走了才能打开礼包品尝。但一转眼,阳阳已经把礼包打开了,他抓起一个果冻就吃了起来。

宽字诀：人非圣贤，孰能无过 PART 8

阳阳妈妈有些生气，当着王阿姨的面大声说："你这孩子怎么这么嘴馋，真没礼貌！好像八辈子没吃过东西一样……"一语未了，阳阳嘟着嘴不高兴了，他生气地把礼包投掷到了妈妈身上。

为了解围，王阿姨急忙说："没事没事，小孩子嘛。"接着，又微笑着对阳阳说："阳阳，你今年上小学一年级了，你告诉阿姨你都会干什么呀？"

阳阳挺了挺胸膛，自信地说："我是一个男子汉，会干许多事情呢！我会洗自己的衣服，会帮妈妈洗碗，替爸爸浇花……"

谁知，阳阳妈打断了阳阳的话，"你还好意思说呢，你洗衣服把衣服戳了一个洞，洗碗摔碎了一只碗，浇花时差一点就把花从花盆里浇走了。"阳阳的小脸涨得通红，他双手攥拳，气鼓鼓地跑回了自己的房间。

后来，阳阳待在自己的小房间里半天不出来，任凭妈妈怎么敲门他都不理不睬。妈妈心里很郁闷，"我不就是说了几句嘛，阳阳为何这样气急败坏的？"

父母在批评孩子时，要避免使孩子在他人面前感到难堪。俯身或叫孩子到没人的地方是最好的方式，这样做不仅保护了孩子的自尊心，也容易让孩子接受自己的说教。相反，如果总是当着别人的面批评孩子，立刻就让孩子没了面子，就算他有承认错误的心，但因为自己"下不来台"索性就和家长对抗到底了。

中国人最讲究"当面教子，背后训夫"。所谓"当面教子"，即家长喜欢当着其他人或众人的面，指出孩子曾犯或者在犯的错误，并对孩子进行"现场教育"。大多数家长有这样一种心态：让外人看到自己批评孩子，证明孩子有教养、有家教。但是，很多时候"当面教子"不但起不到教育的效果，还会使教育走向反面。

还有的家长总是喜欢用大吵大闹的方式批评孩子，这样一来，四周邻居没有一个不知道的,孩子的自尊心无形中就受到了伤害,放学回来遇到邻居也不好意思打招呼,只能脸红着跑过去。还有的家长喜欢在家里来客人的时候批评孩子,念叨孩子的缺点,在这种情况下,孩子的自尊心也会受到伤害,这样非但没有达到教育的效果,反而促使孩子产生对家长的逆反心理。

某周日下午,同学们应邀来到一位同学家聚会。正当他们玩得尽兴的时候,那位同学的家长回来了,一看到家里乱七八糟的场景,就当着大伙的面把自己的孩子臭骂了一顿。孩子感觉特别没有面子,非常尴尬。孩子因此跑到姥姥家去住了,每天上学、放学都回姥姥家。这样的僵局维持了两周左右,最后还是以家长主动道歉,孩子才回家的结局告终。

家长在别人面前批评孩子,孩子会觉得特别没有面子,甚至会觉得是在被羞辱,其结果是把为什么挨训早就忘到脑后,只留下对父母的强烈反感。孩子甚至会怨恨父母,造成亲子关系紧张。曾经就有一个孩子对他的同学说:"我恨死我妈了,家里一来客人就批评我,越批评我,我越不服,越是要和她对着来。"有些孩子虽然表面没有很大的反应,但是问题并没有解决,有的甚至会把错事从表面转到背后,那就更危险了。

俗话说:"人要脸,树要皮。"孩子同样也是一个要脸的个体,经常在别人面前批评孩子,会严重挫伤孩子的自尊心。在没人的时候悄悄批评孩子,孩子才不会感到反感,孩子还会因为家长的"给面子"而备感愧疚,这样做更有利于纠正孩子的错误。家长要让孩子认识到,犯错的是孩子自己,改错的也是孩子自己。因此,家长只针对孩子的错误批评他,且不在有他人在场的情况下,因为,改正错误就是好孩子,父母不应该让更多人关注到他之前的错误。

宽字诀：人非圣贤，孰能无过　　PART 8

专家谏言：

家长千万不要忽略孩子的自尊心，发现孩子有不良行为时，不要用恶劣的态度批评孩子，可用皱一下眉、不说话等温和的方法来表达父母的不高兴。也可以在安静的场合和孩子谈谈，引导孩子鼓起勇气正视自己的错误和不足，这样才能帮助孩子形成正确的是非观，还能保护孩子的自尊心。

家风，最美的教育是传承

家风不是用"恐吓"调教出来的

> 随风潜入夜，润物细无声。
> ——杜甫

有些家长常常喜欢用"恐吓"的方式来教育孩子。比如说，"妈妈不要你了""不要乱跑，外面有坏人拐卖小孩""别哭，老虎来了"，或者干脆讲一些妖魔鬼怪的故事，使孩子害怕，好听父母的话。还有的家长直接就扮成了"鬼怪"来吓唬孩子，希望借此达到教育孩子的目的。孩子幼小的心灵接受不了强烈的恐怖刺激，这种"恐吓"式教育会在孩子心理留下阴影，使孩子失去安全感，久而久之会使孩子产生一种恐惧心理，影响孩子身心的健康发展。

孩子胆小怕事的性格就是由这种紧张状态所致。孩子在行为上表现得更加退缩、逃避，从而影响孩子的探索精神、独立性和社会行为的发展，也影响孩子的认知发展。长此以往，孩子的恐惧感被放大，这样严重影响了孩子的心理健康，甚至对外在的、无危险的物体或环境产生极端、持久适应不良的恐惧，最终发展成为恐惧症。

刘女士的女儿芳芳今年5岁，是个活泼好动的孩子，而刘女士却是个喜欢安静的人。

周六，刘女士带芳芳去公园玩了一天，很累，于是想带孩子回家。可芳芳没玩够，说什么都不想走。刘女士一气之下抱起芳芳就走，也不管怀里挣扎的女儿。正巧街边上有一个脏兮兮的乞丐在墙角睡觉,刘女士就对芳芳说:"你看到那个乞丐没有?你要是还这么不听话,我就不要你了,把你送给那个乞丐,让你也变那么脏,每天去乞讨。"正挣扎生气的芳芳抬头一看那个乞丐,吓得"哇"地一声就哭了出来。

晚上,刘女士坐在客厅的沙发上看书,在卧室里睡觉的芳芳醒了,她抱着一个洋娃娃跑了出来,对妈妈说:"妈妈,你陪我玩'过家家'好吗?"刘女士不耐烦地说:"你自己玩吧,妈妈正在看书。"芳芳跑到一边,对洋娃娃说:"妈妈不陪我们玩,那我们跳舞好不好?"于是,芳芳蹦蹦跳跳地跳起舞来,一个人有说有笑玩得不亦乐乎。

刘女士觉得女儿太吵,就回到自己卧室里继续看书。可不一会儿,客厅的音响里就传出了儿童舞蹈的伴奏音乐。刘女士快步地走进客厅,说:"芳芳,你再这么吵我就去小区门口把那个警察找来抓你了!"

芳芳马上就安静下来了。其实刘女士所谓的"警察"就是她所住的小区站岗的保安,他的脸上有一道很长的刀疤,芳芳看见过他并且很害怕。刘女士觉得这个办法好用,就经常在芳芳不听话的时候吓唬她。

接下来,一连几天芳芳都特别安静,话也不多,还特别听妈妈的话。直到有一天芳芳的姥姥从乡下来了。姥姥刚一进屋,芳芳就大哭着跑进了姥姥的怀里,说:"姥姥你带我走吧,妈妈要让那个吓人的警察抓我……"

刘女士这时候才意识到自己犯了多大的一个错误。

这是多么令人心疼的场景啊。刘女士教育孩子的出发点我们可以理解,但非要出此下策吗?孩子毕竟没有成人那么成熟的心智,他们并不明白家长"恐吓"自己是为了教育自己。身为家长至少要明白一点,用"恐吓"的方式来教育孩子这是愚蠢的行为,这样做非但起不到教育的作用,还会让孩子幼小的心灵受到伤害。

从孩子出生那天，家长就是孩子最为依赖的人，所以，他们从小就有离开家长就生存不下去的心态。不管孩子懂事与否，发生类似刘女士这样的事情，孩子们心里常常会有这样的疑问"妈妈真的不要我了吗？"在这种心理背景下，孩子的潜在不安会加剧，久而久之就会形成胆小、怯懦、不自信甚至自卑的情绪。

每个人都会有恐惧心理。恐惧有两种，一种是本能，就是对危险的害怕。神经性恐惧是第二种，就是在没有遇到任何危险的情况下都会感到害怕。比如害怕一个人呆着，害怕某种颜色，或害怕某种职业的人，等等。神经性恐惧的患者往往是那些小孩子。而且这种恐惧一旦在幼时形成，就很难纠正。

有个孩子总喜欢跑出去玩，这让爸爸妈妈担心。为了让孩子不要自己乱跑，妈妈就给他讲了个恶鬼的故事，告诉孩子恶鬼最喜欢抓那些自己乱跑的孩子。从此，这个孩子再也不敢乱跑了，出门总要拉着一个人。长大后，孩子知道妈妈不过是吓唬自己的，世界上根本没有鬼。可是，当他独自一个人走在路上的时候，总觉得有种莫名的恐惧感，甚至工作后，还不敢独自出差。

所以，家长不要随便用孩子害怕的东西来威胁孩子，以免加深孩子的恐惧。如果家长在孩子不听话时这样说："你再不听话，就会有妖怪来抓你！"看起来会起到立竿见影的效果，可是，这对孩子心理产生的影响是可怕的。更不要用孩子害怕的对象去威胁他。怕医生的孩子，就算是生病了，他也不会去找医生；怕警察的孩子，就算是找不到家的方向了，他也不会去问警察；一个怕老师的孩子，又怎么可能安心听老师的课，更不要说让他主动向老师请教了。

当小孩子害怕什么东西的时候，家长应该帮助孩子消除这种恐惧的心理，而不是利用、加重这种恐惧心理。孩子会因为经常被恐吓而变得敏感，情绪上的波动是非常大的。久而久之，家长再说出那些恐吓的话，他们也会明白家长是在说假话，因此不再对家长信任，也不再害怕家长，反而变本加厉地淘气、顽皮。如果过度恐吓本就没有安全感的孩子，孩子会因此变得更加自卑，性格上也趋于恐慌化发展。看似这样的方法让孩子听话了，可是孩子的判断能力因此受到了影响，长大后会极度缺乏自信。

专家谏言：

孩子自信的建立需要一种安全的环境，这包括生活环境和心理环境。家长的恐吓会成为孩子心里不安的土壤，重则会将孩子心里的很多恐惧感释放出来，并可能最终演绎为心理变形的自卑；轻则没有办法集中精力学习，精神分散。而这当然是任何一个家长都不愿看到的。

一味地责备无法造就品格好的孩子

> 孩子的身上存在缺点并不可怕，可怕的是作为孩子人生领路人的父母缺乏正确的家教观念和教子方法。
>
> ——珍妮·艾里姆

做父母的都希望自己的孩子足够优秀，有些心急的父母恨铁不成钢，则会经常斥责孩子。他们认为斥责孩子会让他"长记性"。有些冲动型的家长，一见孩子做了错事，"你还能干什么""简直是个白痴"之类的话便脱口而出。

殊不知，简单、粗暴的斥责不仅无法使孩子心服，在感受不到父母关怀的情况下，孩子还很容易形成逆反心理。逆反心理一旦形成，不仅会加剧亲子之间的隔阂和冲突，还容易使孩子的心理变得偏激、狭隘。这就是孩子不理会家长责骂的原因了，他们用无声和家长做着抗争。这其实就是在逆反心理的作用下，孩子与家长越走越远的结果。

经常被斥责的孩子，还容易产生巨大的心理压力，与此同时，性格也日渐趋于内向。他们虽然非常厌恶家长对自己的责骂，但同时又在潜移默化中学会了这种解决问题的方式，并施予他人。由此可见，对于孩子不能一味地斥责，否则不仅不会让孩子拥有好的品格，还会造成孩子很多负面的恶习。

那是不是说父母就不能斥责孩子了呢？当然也不是。因为孩子毕竟没有大人那么成熟的思想，家长有义务引导孩子走向正确的道路；谁都有做错事的时候，孩子也不例外，所以斥责也是一种必要的教育手段，否则孩子会越来越偏离正确的轨道。只是孩子受到斥责后，需要一定的时间才能恢复心理平衡，所以不能时时斥责，事事斥责。孩子整天处于一种心理极度压抑的环境，长期下去，孩子的心里就会抱怨："爸爸妈妈为什么总这样子对我？"总是受到父母的斥责，孩子的心理承受不了，很容易情绪崩溃。

有个妈妈，她的职业是教师，她的学生成绩都很好，所以她对孩子的要求也很严格。在家时，孩子不能大声喧哗，用餐时不能讲话，坐姿笔直，她对孩子制定了一套又一套的家规。孩子稍有过失，这位妈妈就对孩子大加斥责。长年累月在这种环境下成长的孩子是变得格外听话了，对人也有礼貌，但孩子的心理健康也因为家长斥责而受到影响，孩子渐渐变得拘谨、怕事、被动。

有一天，学校有活动，这位妈妈中午未能回家。孩子放学回家后，就老老实实坐在沙发上等妈妈回来。整整一个中午妈妈没有回来，也没有人给他做饭，他就饿了一个中午。下午放学回来，妈妈问他中午吃了些什么，他说什么也没有吃。妈妈说："冰箱里有吃的，你就不知道拿出来吃呀，你是死脑筋啊？"孩子回答说："你没有讲呀！"妈妈大为恼火，训斥他："你真是废物！饿了都不知道吃呀！"

还有一次，这位妈妈在做菜，发现家里的瓶装酱油用完了，于是她叫儿子上街去买。碰巧，那天杂货铺换招牌，只在门前摆了一个小摊。小摊上只有方便装的酱油，没有平时家里用的瓶装的，由于妈妈没交代是否可以买这种方便装的酱油，所以孩子没敢买，最后空手回去了。回家后妈妈气不打一处来："你这孩子怎么死脑筋呀！"

过度斥责，不仅会让孩子丧失自信，还容易形成懦弱、怕事、拘谨的

性格。教育孩子是一个漫长的过程,不可能在短时间内就见到效果,需要父母戒骄戒躁,耐心地去和孩子沟通。简单的、粗暴的、频繁的斥责,对孩子的成长是不会起到促进作用的。

天恩是个7岁的孩子,刚刚上小学一年级,不过半年来,他已经给父母惹了一大堆麻烦,为什么呢?就因为他爱打人!上学才三天,就把一个小女孩的膝盖踢破了,后来又把同学的头打破了,再后来还划伤了同学的胳膊。为了这些事,爸爸妈妈骂过他,打过他屁股,可他还是一犯再犯。有一天,父子正在看电视,电话响了,爸爸接完电话怒气冲冲地拉过天恩就是两巴掌,天恩委屈地大哭大叫,爸爸更生气了,"说过一百遍了,不许打人,你还敢再犯,今天打死你算了。"爸爸又打了下去,这一次,天恩竟然挣扎着用小拳头打爸爸,这让爸爸更生气了:"真是太过分了,竟然打爸爸!"那天,爸爸狠狠地打了天恩一顿后,把孩子丢回房间去"反省"。天恩一个人坐在地上哭得稀里哗啦,不明白为什么爸爸可以打他,他就不能打人,最后,他得出了一个结论,那就是他不能再打同学,只能打比自己小的孩子。

这是很可悲的,爸爸的"教育"只换来了一个消极结果。这都是因为教育方式不当造成的,如果父母能用批评的方法教育孩子,那么效果一定会好很多。就算要惩罚孩子,也必须先把事理说清楚,不能抬手就打,孩子稀里糊涂的挨了顿打,最后问题却没有得到解决。

批评教育是一种正面教育方式,采用这种方法的第一步就是指出错误,点明其危害。比如在这个故事中,爸爸就不应该抓过孩子就打,而应该先让孩子知道自己犯了怎样的错误,要指出打人是一种野蛮行为,是为人所不齿的,没有人会和打人的孩子玩,再这样下去,他就会失去所有的朋友。

第二步就是分析。如果孩子间发生了矛盾，家长们一定要冷静，不能呵斥孩子，更不能因为担心自己孩子吃亏而护着自家孩子。最佳方案是让孩子说出实情的原委，然后引导孩子寻找解决方案，或是给孩子一些解决问题的建议。

第三步是说理。例如，孩子心爱的玩具被别人抢去，孩子动手打人。这时候，家长应该给予孩子这样的说教："你要对别的小朋友说这是你的玩具，你玩一会儿，再给他玩。"或者让孩子友好地与其他小朋友共同玩。

第四步是对比。父母应当让孩子意识到，打人是一种让人多么不能容忍的行为。在孩子打了人后，就用对比法给他分析问题。例如，"孩子，如果有人打破了你的头，让你流血了，那妈妈一定会非常伤心，非常难过，因为妈妈爱你，希望你永远平安。其他的小朋友也有妈妈，他们的妈妈也爱他们，你打伤了那些孩子，他们的妈妈该有多难过啊！"这种对比可以让孩子深刻认识到自己的错误，反省自己的做法。

第五步就是警告。父母应该告诫孩子不要用武力解决和小朋友之间的冲突。父母绝对不会原谅他的打人行为，如果孩子再犯这个错误，就将受到严厉的惩罚。

专家谏言：

批评并非单纯的责备，更不是对孩子的否定，而是合理运用激励、警告等多种方式方法达到教育的手段。

家风，最美的教育是传承

孩子"不知道"，要耐心教导

> 我不知道是否有别人比我从父亲那里所得的更多。我用父亲的豁达应付环境的变故，用父亲的乐观创造自己的前程，用父亲的鼓励与宽容的方法教学生和孩子，用父亲对大自然的爱好来陶冶我自己的性情。
>
> ——罗兰

一些家长总是看着孩子的缺点，抱怨孩子的不足，比如孩子的学习观、时间观和注意力分散等问题，家长们没有认真思考过症结是出在哪里，只会一味抱怨孩子不给自己争气。其实，如果你能站在孩子的角度想一想，你会发现在孩子们身上出现的问题，或者说他们所犯下的一些"错误"基本上都是来源于他们的"不知道"。

例如，他们因为不明白自己早点做完功课就能得到充足休息的时间，所以他们做功课的时候总是磨磨蹭蹭；他们因为不明白合作与爱的道理，所以他们不知道怎样表达自己的爱，怎样去和别人合作；他们因为不知道自己究竟有多大的能力，所以他们总是对自己没信心，对什么事情都是抱着害怕的态度；他们因为不明白孤独的可怕，所以总是不和别人接触，让自己慢慢变成一个孤独的人；他们因为不知道学习是为了什么，考大学是为了什么，所以他们埋怨自己的父母逼着自己读书；他们因为不知道世界很大，所以他们也不知道其实自己的选择有很多……

这些"不知道"把孩子局限了起来，孩子知道的往往是书本上那些死板的知识，要知道书本以外的世界更精彩。作为父母，除了书本的知识，你还应该让你的孩子知道真实的社会，知道外面的世界，知道为人应有的权利和应尽的义务，帮助孩子打开视野要在他们接受能力最好的时候进行，因为未来是由眼界所决定的。

在教育子女时，往往会出现这种状况：每天妈妈需要说无数遍，孩子才会磨蹭着起床。妈妈不厌其烦地唠叨着："还不起床，你看看几点了，马上迟到了啊。我可不管你啊，看你迟到怎么和老师说。"妈妈的警告从未起到作用，因为她们不想让孩子迟到受罚的愿望从来没实现过。孩子们会悄悄地躲在被窝里说："反正有妈妈叫我。"所以赖床的习惯迟迟得不到改正。

到了晚上妈妈又唠叨："你做功课的时候能不能认真点儿？我都帮你检查出这么多错的地方，你自己就不懂得仔细检查一下？"孩子偷偷笑了："我着什么急啊，反正有我妈呢？"

这些孩子对于考试也并不是很认真，于是家长表现出比孩子更在意考试成绩的态度，进而成了家长帮助孩子学习，以及替孩子着急学习。因为有人督促学习了，这些孩子的成绩一般不会很差，自然而然这些孩子也不会想到学习不好带来的后果。没有体会就不会知道哪些地方需要改进。

于是，父母的这种行为，把原本该孩子自己做的事情做了，把他们该自己承担的责任承担了。所以，父母有时候有必要给孩子制造一点挫败感，因为要让孩子明白需要为自己的行为负责。孩子理解上的偏差就是因为做家长的比孩子本身更在意而形成的。只有让孩子经历了，他们才会有所认识。

有时候让孩子学会对自己的决定负责，要比教他怎样做事重要得多。

明明的爸爸妈妈都是体育教练，在明明6岁以前，妈妈让他学了足球、唱歌、画画；6岁的时候，明明的父母让他开始学习乒乓球、钢琴；在他10岁的时候，他就通过搭乘各种交通工具游览了30多个城市；12岁以前，

亲眼见证了全国各大田径和足球比赛,见证了运动员哥哥姐姐的开心和悲伤的瞬间。

明明的爸爸妈妈和其他的家长一样,希望尽可能满足孩子的需要。6岁的时候,明明突然喜欢上了钢琴,在那个年代钢琴可是奢侈品,买一台钢琴大概需要5000块,而且不是光有钱就能买到,还要凭票才行。家里人想尽了办法都没能弄到一张钢琴券,于是明明的妈妈就给钢琴厂的厂长写了一封信。

第二年,明明终于拥有了自己的钢琴。可还没学一年,和很多小朋友一样,明明对钢琴的新鲜劲儿就过去了。按理说,学钢琴是明明提出来的,但妈妈对明明弹钢琴没有任何水平的要求。因为练琴占去了明明玩耍的时间,所以他不想再练钢琴了。他耍赖、生气、闹脾气,想尽办法希望妈妈能够和其他家长一样对他嚷,那么他就可以理直气壮地反驳说"我要做我自己",不要成为满足他们虚荣心的工具。

然而,妈妈从未对明明说过"家长为你付出多少"这类的话,她只是对明明说:"明明,以后的路还要靠你自己走,我们能做的只是给你创造机会,你必须为你的行为负责。"因为妈妈一直都没有被激怒,明明也就因为从小坚持练习钢琴而理解了什么是选择和责任。

现在很多父母为了孩子们没有珍惜身边的机会而万分着急,她们甚至采取很多过激的行为,但我们不得不佩服明明的父母,在辛苦地为孩子提供了各种机会后还能超脱地置身事外,这其实是很不容易做到的,正是这种不容易让她教会了孩子什么是选择和责任。

作为父母,要帮助孩子去了解一个人应有的权利和应尽的义务,一个人应该做些什么,不应该做些什么。只有了解了这些,才能知道什么是自己的目标,才能激发出对目标追求的动力。

宽字诀：人非圣贤，孰能无过　　PART 8

专家谏言：

在孩子成长的过程中失败不应该是完全被避免的。从现在看，孩子经历失败是一件糟糕的事情；但从孩子的未来看，经历失败有助于他们的成长。所以父母要允许孩子失败，不要因外界的影响和攀比心理的干扰而否定你的孩子，你要给孩子成长的机会。

PART 9

巧字诀：家风教育，与时俱进

孩子需要一个成长的过程，在这个过程中，不同的年龄阶段孩子就会有不同的思维和行为方式，这就意味着，如果父母想要取得最佳的教育效果，就要针对孩子各个年龄段的特点，采取不同的教育方法。孩子长大了，父母的教育方法也应该跟上步伐，做出调整，特别是要跟上时代的节奏。

不同的年纪，不同的教育方法

> 当我还是个不谙世事、学习成绩相当糟糕的孩子时，父亲给我的是爱和鼓励；当我成了一名推销员时，他给予我不遗余力的帮助；但是当我将执掌拥有成千上万职工的企业大权时，他却迫使我在每一个重大问题上和他争论，使我了解他思考和处理问题的方法。
>
> ——小托马斯·沃森

孩子都有一个成长的过程，在这个过程中，不同的年龄阶段，孩子就会有不同的思维和行为方式，这就意味着，如果父母想要取得最佳的教育效果，就要针对孩子各个年龄段的特点，采取不同的教育方法。孩子长大了，父母的教育方法也应该跟上步伐，做出调整，特别是要跟上时代的节奏。然而，现实生活中，有的家长不了解甚至常常无视孩子的年龄特征，教育方法一成不变，这就在无形中影响了孩子的成长。

小杰上高中了，可是在妈妈眼里，他依旧还是那个没长大的宝贝儿子。

一天，同学打电话到家里来，约小杰一起去打篮球，妈妈接起电话说："我们家小杰不去啦，他有点儿不舒服。"

妈妈刚放下电话，小杰就气冲冲地吼道："妈，你都没有问过我的意见，干吗跟同学说我不去啊？"

"你不是生病了吗，再出去如果严重了怎么办？"妈妈说。

"我自己的身体我比你清楚,你为什么要替我做决定啊?你这样同学们会觉得我多娇气啊!"小杰生气地说。

"你这么小,哪懂得照顾自己啊?"妈妈说。

"妈,我不小了,我已经是男子汉了。拜托你以后尊重一下我,好不好?"小杰理直气壮地说。

"妈哪里不尊重你了?我都是为你好。"妈妈语重心长地说。

"哎,跟你没法沟通……"小杰无奈地说。

妈妈这才意识到,孩子长大了,跟以前不一样了。

上高中的小杰表现出了自主的意识,想要独立决定自己的事情,可是妈妈仍旧将他当成没长大的孩子,擅自替儿子做决定。妈妈没有考虑到小杰的变化,这就阻碍了亲子沟通。生活中,父母也总是用一成不变的眼光看孩子,其实孩子成长得很快,孩子在不同的年龄阶段,会有不同的思维和行为方式,教育的方法也应该有所改变。

孩子是一步一步成长的。小学阶段的孩子还处在教育的启蒙时期,他们好奇心强,想象力丰富,对父母还有较强的依赖性。这时候父母应该做孩子的导师和顾问,引导孩子探索未知的世界,更多地培养孩子的兴趣,发现孩子的特长和潜能,给孩子一个为兴趣和梦想而快乐生活的童年。在学习上,这一阶段父母的首要任务不是提高孩子的学习成绩,而是调动孩子学习的积极性。只要孩子从心底里愿意学,那么就能为适应初高中较为繁重的学业打下很好的基础了。同时,这一阶段的孩子心智还不够成熟,辨别是非的能力还不够,这就需要父母花费更多的心力引导甚至强制孩子去做一些事情。

进入青春期的孩子,自我意识与思维能力逐渐成熟,尤其是进入高中阶段的孩子心理已达到一个相对成熟的水平。虽然他们在能力上还不足以

巧字诀：家风教育，与时俱进　PART 9

应对各种复杂的情况，但内心已经开始产生独立意识，希望得到人格上的认可。他们不再像小学生那样认定父母和老师就是权威，他们的独立、自主意识增强，渴望得到父母、老师、朋友的接纳和尊重。在这个阶段，如果父母没有意识到孩子的变化，还采用老方法管教孩子，不仅没有效果，反而会引起孩子逆反、孤僻等诸多青春期问题。因此，父母首先要作出转变，不能再用过去旧的教育方法来对待渐渐长大的孩子。

"妈，我不知道该怎么办。"小君苦恼地问妈妈。

"儿子，怎么了，遇到什么事情了？"妈妈着急地问。

"是这样的，我上个月不是报名参加了作文竞赛吗？昨天主办方通知我明天去参加初赛。"

"啊，真的啊？这是好事情啊，可是，你为什么一副难过的表情？害怕了？"妈妈更不解了。

"不是啦，是因为明天刚好也是我最好的哥们儿生日，这两件事赶巧凑一块儿了，我不知道怎么办呢。妈妈，不如您帮我做决定吧。"小君说。

"儿子，这个得你自己决定啊。"妈妈说。

"可是，妈，以前不都是您帮我拿主意的吗？"小君说。

"儿子，那时候你小，很多事情还不明白，所以我要帮你啊，但是现在你长大了，妈妈就应该尊重你的想法，也支持你的想法，你肯定也不喜欢被妈妈逼着做事，对吗？"

"是的，妈，其实我以前对您是有些意见的，但我知道您也是为我好。"小君说。

"关于这件事，妈妈可以给你建议，作文竞赛的机会很难得，放弃很可惜，至于哥们儿的生日，你可以事后给他补过一个啊，既然是好哥们，相信他也会谅解你的。"妈妈说。

"妈，我知道了，我再想想。"小君开心地笑了。这不只是因为事情解决了，更因为他第一次有做大人的感觉了。

孩子一天天长大，也在一天天地蜕变，他们的个子从矮到高，他们的心智从不成熟走向成熟，如果父母仍在原地踏步，以老眼光、旧方法教育孩子，必然会阻碍孩子成长的脚步。父母的家教观念和方法要与时俱进，要跟上孩子的心智变化，只有这样，才能了解孩子、走近孩子，从而找出最佳的教育方法。只要家庭教育的思路和方法正确，相信培养出优秀的孩子也并不是什么难事。

专家谏言：

青春期的孩子，对人生和世界开始形成比较稳固的态度和观念，意志力有了较大提高，独立自主的需求也很强烈。他们特别在乎别人对自己的看法，希望得到尊重。所以，父母最需要注意的就是尊重孩子，平等地对待他们。

巧字诀：家风教育，与时俱进　PART 9

父母的教导需要根据孩子的进步而循序渐进

> 生了孩子，还要想怎样教育，才能使这生下来的孩子，将来成为一个完全的人。
>
> ——鲁迅

有这样一类孩子，他们可能不是天赋异禀，成绩也平平，父母没有对他们抱多大的希望，甚至有些恨铁不成钢。而当有一天孩子从学校拿回一张奖状，捧着被老师夸奖有进步的作品，或者当孩子学着收拾屋子，把东西摆得井然有序的时候，作为父母的您是怎样做的呢？是高兴、称赞，还是依旧对孩子的进步不以为然，既不欣喜也不表扬？其实，孩子就是在一点一滴的进步中成长的，孩子的进步需要父母去发现、去鼓励，如果父母依旧以老眼光看待孩子，对孩子的进步置之不理，那孩子就会对做事失去兴趣，不愿再努力。

小米很爱打扮自己，可是却从来不收拾屋子，自己的房间一团乱，妈妈为此也没少批评过她。

这天，小米试完新买的衣服，看着满屋狼藉的场面，于是心血来潮地收拾了一番。看着干净整洁的房间，小米很开心，心想："妈妈看见了一定会夸我的。"

不一会儿，妈妈来叫小米吃饭，一进屋，就吃惊地四下打量了一下房间。

"妈，不错吧，我收拾得很干净吧！"小米自豪地说。

"呀，今天太阳打西边出来啦，是你收拾的吗？"妈妈半信半疑地说。

"妈，您竟然不相信我，不信您问妹妹去！"小米有些丧气。

"那你可别三天打鱼两天晒网啊，以后天天得这样。走，吃饭去。"妈妈说。

小米的心情一下跌到了谷底，原来妈妈根本没把这件事放在心上。

第二天，吃早饭的时候，妈妈依旧像往常一样，叮嘱小米："记得把屋子收拾了啊，你看你个姑娘家的，整天乱糟糟的，像什么样子？"

第三天依旧如此，妈妈根本没发现小米被子比以前叠得整齐了，东西摆放更有序了。

几天之后，小米觉得，自己天天整理，也没有人看在眼里，还不如随性一点儿随便摆东西，于是她的卧室又变成了原来的样子。

从不爱整洁到主动收拾房间这也是一种进步，但是妈妈却对小米的进步漠然置之。她依然用旧眼光看待小米，不懂得欣赏孩子的进步，这必然会挫败小米的上进心，小米的卧室又变回原来的脏乱样子就证明了这一点。所以说，孩子有了进步，父母的教育方式也应该变一变，一个鼓励的微笑，一两句称赞的话语，就能让孩子产生继续努力的动力，何乐而不为呢？

孩子的进步就像小树苗，父母的鼓励和赞扬就像阳光和雨露，树苗如果得不到阳光和雨露的滋养，就很可能会枯萎。所以，对待孩子的进步，哪怕是微小的，父母也应该转变态度，给予孩子鼓励。因为，支持和鼓励不仅能够带给孩子努力的动力，更重要的是，父母言行的变化，能够让孩子感觉到父母的重视和关爱，而青春期的孩子正是需要他人关注的关键期。父母给予了孩子更多的关注，通过各种方式向他传达了"你很优秀"的信息，孩子就会更有信心和力量，更积极主动地面对学习和生活。

巧字诀：家风教育，与时俱进　　PART 9

当然，仅仅对孩子予以鼓励和表扬是远远不够的，要想让孩子进步的小树苗不断生长，最终开花结果，父母还需要对孩子提出新的要求和希望，鼓励孩子争取更大的进步。在孩子原有的基础上，父母可以根据孩子身心发展的规律，给孩子订目标，规划其进步提升的区间和进程，让孩子的潜力得到更大程度的开发。但有两点父母需要注意：一是要求不要定得太高，如果让孩子产生挫败心理，那就得不偿失了；二是言过其实的夸奖也要避免，因为过度的赏识、不切实际的夸奖有可能让孩子骄傲自满，迷失自我。

专家谏言：

　　家风的树立需要从细微处着手，但当孩子在家长的教育下一点点树立良好的习惯时，家长不应该当做这是理所当然的，也不应该总是为孩子一点点的失误而严厉批评。适当的鼓励和夸奖能够让孩子感受到自己的成果，也同时能增加孩子的自信心。

家风，最美的教育是传承

树立家风，也需因地制宜

> 如果你担心年轻的一代会变成什么，答案是他们会继续成长，并且开始担忧更年轻的一代。
>
> ——罗杰·艾伦

有一个教育家说："环境对一个人的成长起着非常重要的作用，良好的环境是孩子形成正确思想和优秀人格的基础。"对孩子而言，成长环境无疑对孩子的未来有潜移默化的作用。而且，环境也不是一成不变的，当成长环境变了，教育方法也应该与时俱进，这样才能跟得上孩子成长的步伐。然而，很多父母对孩子成长环境的认识不足，家庭教育没有紧跟环境的变化，导致孩子出现了叛逆、厌学、逃学等不良思想和行为，也使得亲子关系更加紧张。

红红父母在城里买了新房，一家人搬进城里。城里高楼林立，让从小在乡下轻车熟路的红红有些懵，所以自从住这里红红就不怎么出门。

这天，妈妈让她去菜市场买菜："红红，你去帮妈妈买点儿菜吧！坐小区门口的公交车到三台子站，再转一趟255公交车就到了。"

"好的。"虽然红红有些忐忑，毕竟城里不比乡下，但她还是答应了。

妈妈并没有发现红红的忐忑，在妈妈眼里她从来都是一个自信大胆的姑娘。

"妈，我回来了。"中午，红红带着买的菜回来了，还闷闷不乐的。

"怎么这么久啊？你是不是又到处瞎逛了？"妈妈埋怨道。

"我没有啊，我找不到公交车站，耽误了很长时间。"红红说。

妈妈也没在意，看了看买的菜，不满意地说："你买的黄瓜怎么这么贵啊？感觉还少秤。"

"妈，人家看我是外地人，故意欺负我，我能怎么着？不然，你自己去买啊！"红红说。

"那你就跟他理论啊，不然不买也可以啊。"妈妈说。

"既然知道我不会买，干吗还让我去啊？"

"哎，你这孩子怎么了？你以前可不是这样的，现在怎么这样了？让你多见见世面还不好啊？"妈妈说。

"有什么好的？在学校同学们嫌我土，看不起我，出去买个菜也被人另眼相看，城里一点儿都不好！"红红不开心地说道。

从农村到城市，环境的变化让红红有些不适应，一个原本胆大自信的女孩变得胆怯了。可是粗心的妈妈却并没有在意，她仍然对红红采取放养式的教育，其实，红红现在最需要的是心理疏导和帮助。如果妈妈能够及时与她沟通，帮助她缓解心里的胆怯和自卑，相信她不久便能找回曾经的自信。

一个人的成长，与他所处的环境和后天所受的教育是分不开的。同时，环境和教育之间也是息息相关的，在努力为孩子营造良好成长环境的今天，很多父母却忽视了环境变化对孩子的影响。如果环境改变了，教育仍在原地踏步，那无疑会影响孩子的快乐成长。上文故事中从农村到城市这一家庭环境的改变影响了孩子性格就是一个很好的例子。良好的家庭教育环境是孩子健康成长所必需的土壤。当环境改变了，父母也应该及时调整教育策略，给予孩子最需要的帮助。比如，有些家庭因为父母关系恶化，导致家庭破裂，夫妻离异，而疏远了孩子，对于这样的情况，无论是哪一方都需要给予孩子更多的关爱。相对于丰盈的物质条件而言，孩子们其实更期盼心灵上的关怀与慰藉，所以父母应该更注重孩子的心理教育。

当然，成长环境的改变不仅仅指家庭环境，孩子的成长也离不开社会这个大环境。如今，社会发展对人才的要求越来越高，越来越看重人的综合素质和创新能力。但是这个变化却被很多父母忽视了，他们仍旧沿用以前偏重智力发展的旧教育方法，单纯重视孩子的学科成绩，他们认为孩子学习成绩好，就能考个好大学，然后找个好工作，有个好前途。这就是如今很多父母的看法，显然他们的教育观念并没有明显改变，这就给孩子的持续发展带来了影响。如果孩子只是学习成绩好，缺乏创新和应变能力，无法适应企业需求，这对孩子的未来将是沉重的打击。所以，父母也应该迎合大环境的需要，与时俱进，及时转变教育观念，从可持续发展的角度来关注孩子成长，注重培养孩子的综合素质。父母不应该只是将孩子培养成一台学习的机器，而要真正理解素质教育的内涵。

"爸爸，咱家也装一台电脑吧。"朋朋央求爸爸说。

"不行，你除了拿它玩游戏，还能干吗？你还小，等上了大学再买。"爸爸一口回绝了。

"不是的，老爸，现在我们教室都装多媒体了，老师都用多媒体讲课，还给我们机会上去讲，讲课都得用word文档、PPT之类的，没有电脑我就无法做，也就没有机会上台了呀！"朋朋耐心地解释给爸爸听。

"哦，是这样子。那你跟爸爸说说，什么是多媒体？"爸爸好奇地问。

"多媒体就是多种媒体的综合，就是计算机和视频技术的结合，通俗点儿说，就是把声音和图像结合在一起。"

"哦，爸爸落伍了。既然这样的话，爸爸就给你装一台，以后除了学

巧字诀：家风教育，与时俱进　PART 9

习任务之外，每天给你一个小时上网时间，看新闻、玩游戏、查资料都行，你自己支配吧。"

"老爸，您太开明了。谢谢您！"朋朋高兴地说。

在家用电脑普及的今天，电脑作为孩子新的学习工具进入了家庭，但是很多父母还没有跟上这一环境变化，他们对电脑和网络不了解，只知道沉溺于网络会影响孩子学习，于是千方百计限制孩子上网。针对这样的情况，父母就应该及时转变观念，重新认识和利用网络，合理教育和指导孩子使用网络，以适应孩子成长环境的变化。

专家谏言：

时代在变，社会在变，环境也在变。孩子的教育离不开与之共存的环境，开放多元的环境，无疑为孩子的教育提出了新课题和新挑战。面对孩子成长环境的深刻变化，父母应保持清醒，不仅要为孩子的成长提供一个适宜的环境，创建一个和谐的成长氛围，还应该与时俱进，积极调整教育方法，探索教育孩子的新思路。

家风，最美的教育是传承

家风不等于让孩子实现父母的希望

> 世上所有的父母都有一种真挚的愿望，就是想目睹本身不能成就的事业为儿子所完成，似乎他们想以此获得再生，并且好好应用前一辈子的经验。
>
> ——杜邦·纳姆洛

家长对孩子有所期望、有所要求这是应该的，也是必要的。但重要的一点是，对孩子的要求标准要切合实际，要在孩子能接受和实现的能力范围之内。在此范围之内，标准可以适当提高，这样可以最大可能地调动孩子的积极性，最大限度地激起孩子的自信心。如果给孩子提出的要求标准过高而不切实际，那么势必会给孩子造成巨大的压力和难以克服的困难，长此以往，孩子的积极性和自信心将会受到严重伤害甚至打击，结果就适得其反了。

每个人的情况都是不同的。有些小孩很聪明，但做事缺乏耐心；有些小孩做事有耐心，但应变能力却相对较差一些。这种情况下，你却要求这个孩子必须做到那个孩子那样，孩子必然难以做到。换而言之，还没学会走，就被别人要求去跑，试问这样你能做到吗？

李华生在一个令人羡慕的家庭里，他是家里的独生子。爸爸是某广告公司的副总，妈妈在市区的繁华地段有一家自己的服装专卖店，生意相当火爆，相对于其他普通的孩子，李华有了一个近乎完美的家庭。他想要什么，父母都会给他买，刚上初中的他就有了令同班同学羡慕的高档衣服、手机等，但是李华却没有一点快乐的样子，整天一个人独来独往，一副心事重重的样子，从不与老师和其他同学交流。

后来，我们了解到，在家里，父母对李华的要求近乎苛刻。父母要求李华每次考试都必须在全班前五名，除了正常的学习外，李华每周末还要学习钢琴、绘画、国学、奥数等，几乎没有一点空余时间。此外，父母还总是向李华灌输要考上名牌大学，然后出国留学的目标。这些种种的要求和期望压得李华透不过气来，他说："我只想和其他同学一样，能够有自己的时间，做一些自己喜欢的事。"但是这些原本普通的事情对李华来说却遥不可及。"其实，爸爸心里一直有个伤疤，就是原本可以出国留学的机会因为种种原因而没有成行，因此，爸爸一直以这个目标要求我。"李华说，"每次一想到父母对我的要求，我心里就发冷，我不知道我能不能完成父母的愿望。"

望子成龙是人之常情。施加压力也是教育子女的必要手段之一，但是，有些父母把孩子当成了实现自己理想的"工具"，一再施压只会导致孩子们不堪重负，最后的结果适得其反。孩子们的身心没有成年人想象中的那么坚强，期望过高只会让他们感到窒息。在重负下成长的孩子，渐渐失去了活泼的天性和对学习的兴趣，更有甚者会对生活丧失信心。

有一些家长望子成龙心切，或者说有些急功近利，动辄拿自己的孩子和某某优秀孩子相比较，并且用那个优秀孩子的标准来衡量和要求自己的孩子。这实际上是一种盲目的比较，不具备什么积极的教子意义。对孩子不切实际的要求，只会对孩子产生负面消极的影响。

之所以导致孩子们心理出现问题，父母的期望过高是罪魁祸首之一，过于片面和严苛的教育最终导致了这种结果。重智轻德，重体轻心这是家

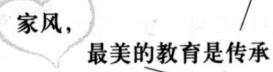

庭教育中普遍存在的问题。一味地强调知识学习和智力开发是众多家庭教育中父母们的通病,这样的做法违背了教育的规律,违背了孩子身心成长的规律。换句话说,对孩子们强加灌输知识,对技能训练强加培训,没有注意到孩子们的心理承受能力,这样的做法和拔苗助长有什么区别呢?

在此给各位家长一点建议,不要强迫自己的孩子,切忌操之过急。这就好比刚播下的种子是不会在短时间内结出果实的,发展总会有个过程。家长们怀着望子成龙的出发点是好的,但教育孩子一定要注意方式方法,正确健康地教育孩子,孩子们才会茁壮成长。

专家谏言:

"逼子成龙"悲剧产生的原因是由于一些父母过于"关心"孩子——怕孩子在学习上竞争不过别人,因此采用了"迂回战术",希望从其他方面为孩子增加一些竞争的"筹码"。但是,如果家长忽略了孩子本身的要求与能力,一味地逼迫孩子去按照家长的意志去做,其结果必然是适得其反。

巧字诀：家风教育，与时俱进 PART 9

孩子有时也能成为父母的榜样

> 尊重孩子的人格，孩子便学会尊重人。在家里，要从小就把孩子当作独立的社会人来养育。这样培育出来的孩子，走上社会便能够成为独立的社会人，并具有"后生可畏"的劲头。
>
> ——池田大作

人们常常说，父母是孩子的第一任老师。这话没错，孩子的成长离不开父母辛勤的栽培。可是当一向为长为师惯了的父母在孩子的指点下怯生生地开始上网、学会网购，当知识、经验丰富的父母被自己孩子的奇思妙想问得语塞时，父母是不是也从孩子身上学习到很多东西呢？所以，不但父母是孩子的老师，有时候，孩子也是父母的老师。

妈妈和小娟一块儿坐公交车去超市购物。由于车上人多，小娟被挤到了车门口，小娟的脚被门夹了一下，"啊"的一声喊了出来。

只见妈妈二话不说，冲驾驶座的司机破口大骂道："你长眼睛干吗用的？你会不会开车？我女儿在那儿你关什么车门？"

满车的人一时都愣住了。女司机红着脸，连忙道歉："大姐，对不起啊，对不起，人太多，我一时也看不清楚，就关上了门，真是对不起！"

"对不起有什么用，你把我女儿脚夹坏了怎么办？"妈妈一点儿也不退让。

"我真不是故意的，监视器也模糊，不管孩子有什么问题，我都负责！"女司机接着退让。

周围的乘客也开始劝小娟妈妈："算了算了，领孩子去医院看看吧！"可是小娟妈妈依旧不依不饶。

这时，站在一旁的小娟说："对不起，阿姨，你没有错，是我妈妈错了，我代表她向你认错。"说完，小娟向女公交司机深深地鞠了一躬。听完这话，妈妈脸上露出一丝尴尬，而满车的人都对小娟投来了赞许的目光。

看到自己的孩子受伤，做父母的都会心疼，但是即便如此，爱女之心也不能成为父母不文明行为的理由。可以说，小娟替妈妈道歉的举动，给妈妈以及所有的父母都上了一节关于原谅与宽容的课程。父母也会犯错，也要向孩子学习。

心理学研究表明，青少年和成年人在接受新事物方面存在着差异，相对于成年人，青少年对新事物的敏感性和接受能力较高，所以他们能够在较短时间内，熟练操作电脑、手机等各种高科技电子产品。而在如今的信息化时代，家长们固守传统，他们的知识及动手能力可能远远落后于子女。所以，在这方面父母要以孩子为老师，放下架子、收起面子，积极主动地向孩子学习，这样不仅是对孩子的认同和肯定，给孩子更加积极进取的动力，还让孩子更加愿意听从父母的管教，与父母积极沟通，促进亲子关系更加融洽。

"如果你总是认为，自己走过的桥比孩子走过的路还多，那你是放弃了被孩子影响的权利，"学者于丹这样说，"自从女儿出生，我一直都在向她学习，她成长的每个阶段都有自己的逻辑。孩子赤子之心的坦诚、天真、直率……都是我们求之不得的财富。"确实如此，人们总是说教育好孩子是父母的责任，其实孩子也是父母的老师，有时父母也需要反过头来向孩子学习。比如孩子们单纯、率性，做事自然率真，而大人老成世故，做起事来反倒常常因为瞻前顾后、犹豫不决而错失良机。假如大人也能像孩子一样少些顾虑，说不定为人处世会更轻松，结果也会更令自己满意。

孩子身上还有很多成年人正在失去的优秀品质，比如知足、乐观、乐于接受新事物和新思想、有较强的公民意识和环保意识等，如果父母留心观察，善于学习，就能够唤起自己的童真，活得更坦率，更简单快乐。

萧伯纳是英国著名的作家。有一次，他在苏联访问时，遇到一个可爱的小姑娘。萧伯纳非常喜欢这个孩子，就同她玩了很长时间。

"你知道我是谁吗？"萧伯纳问小姑娘，萧伯纳暗想："如果小姑娘知道自己与一位世界大文豪成为朋友，一定会惊喜万分的。"

"不知道。你是谁啊？"小姑娘好奇地问。

萧伯纳说："我是著名作家萧伯纳，你回去可以告诉你的妈妈，就说今天同你玩的是世界有名的萧伯纳。"

"可是，名人也这样自夸吗？请您回去后也告诉您的妈妈，就说今天同您玩的是一位苏联小姑娘。"

萧伯纳听了，不觉为之一震。他马上意识到自己刚才太自以为是了，不禁一时语塞。

后来，萧伯纳深有感触地说："一个人不论取得多大的成就，都应该保持谦虚的态度，这就是那位小姑娘教给我的，她也是我的老师！"

"人人都说小孩小，谁知人小心不小，你若小看小孩小，便比小孩还要小。"这是著名教育家陶行知的诗《小孩不小歌》中所写，孩子虽然小，但他们身上本真、坦荡、率性的宝贵品质是值得成年人学习的。教育是父母的责任，这工作任重而道远，但是如果父母也懂得以孩子为师，共同学习，共同成长，相信教育之路会走得更顺畅。

家风，
最美的教育是传承

专家谏言：

父母可以从孩子身上学到很多东西。在生活中，父母应该放下为长为师的身段，以欣赏的眼光去发现孩子的智慧，毫不吝惜地去赞赏孩子的优点和长处，以谦虚的态度学习孩子身上优秀的品质。

巧字诀：家风教育，与时俱进

家风教育，伴孩子快乐成长

> 如果你不首先培养活泼的儿童，你就绝不能教出聪明的人来。
>
> ——卢梭

中国有句古话，"望子成龙，盼女成凤"。的确如此，每一位父母都对自己的孩子寄予厚望，希望孩子能有个美好的未来，为此父母们呕心沥血，为孩子操碎了心。可谈到自己的孩子，父母或多或少会有一些烦恼，在父母的眼中，似乎没有一个孩子让人省心。孩子屡教不改，让父母心力交瘁，痛苦不堪；孩子达不到父母的期望，又让父母恨铁不成钢，期望越高失望越大……教育本应该是充满乐趣、充满爱的，然而在很多父母看来，家风的教育却是一件痛苦的事情。事实真是如此吗？家风的教育不能成为一件快乐的事情吗？

小佳和小乐是邻居，而且还就读于同一所学校的同一个年级。暑假前学校举行了一次统考，共考五门主课，考试成绩会寄到家里，按照特优、优、良、及格和刚入门五个级别打分。

接到成绩单，小佳妈妈就去找小乐妈妈。

"小乐这次考试的成绩怎么样？"小佳妈妈问。

小乐妈妈长叹一口气说："我真是太失望了！我已经和他的老师联系过了，准备让他放假后再参加一个补习班。"

> 小佳妈妈同情地说:"这可有点儿糟糕啊!我女儿小佳这次考试有一门课得了特优,还有两门课得了优,剩下的两门是良,我和她爸爸都非常高兴。"
>
> 小佳妈妈接着问:"你儿子到底是怎么回事?"
>
> "哎,他有门课得了优,只差两分就可以拿到特优了。"小乐妈妈失望地回答。
>
> "那剩下的四门课呢?"
>
> "剩下的都是特优。"小乐妈妈回答。
>
> "那你还说你特别失望?考得这么好应该高兴才对啊。"小佳妈妈很讶异。
>
> "我失望的原因在于他没能像我们期望的那样五门课都拿特优!"

父母都爱自己的孩子,但是小乐妈妈重视孩子的学业成绩,到了锱铢必较的程度。人无完人,何况是孩子呢?父母将重重的期望压在孩子肩头,孩子为之所累,父母也跟着提心吊胆,或喜或悲。对于父母而言,教育已经成为一种负累。很多父母都忘记了孩子脸上的表情,孩子内心的需要……

每对父母教育孩子的过程,都蕴含着许多艰辛。父母要将人生大部分的时间献给孩子的教育,如果不把家风的教育当成快乐的事情,不去从教育中寻找快乐,那为人父母长长的一生不是注定要悲哀地度过吗?所以,父母应当以幸福的眼光去认识教育孩子这件事情,唯有快乐的父母才能创造快乐的教育,最终才能收获欢乐。这也是家风教育方法的与时俱进。

曾有这样一个故事广泛流传:

三个工人在砌一堵墙。

有人过来问:"你们在干什么?"

第一个人没好气地说:"没看见吗?砌墙。"

第二个人抬头笑了笑,说:"我们在盖一幢高楼。"

第三个人边干边哼着歌曲,他的笑容很灿烂:"我们正在建设一个新城市。"

十年后,第一个人还在一个工地上砌墙;第二个人坐在办公室中画图纸,他成了工程师;第三个人呢,成了前两个人的老板。

这个故事之所以广泛流传,是因为它告诉了人们一个浅显而又实用的道理:面对同样一件事,不同的心态造就不同的未来。所以父母们应该始终用积极的态度、乐观的精神投身于孩子的教育事业,那么孩子也会受到父母的影响,变得积极、快乐,父母也就找到了让自己快乐的理由。父母和孩子都是家风教育的参与者,彼此之间必然互相影响。

当然家风教育的快乐,不仅仅在于父母自己体察快乐、品味快乐,更在于让孩子感受到教育的乐趣。这就需要父母从各方面去努力,比如在学习上,不专制,不苛责,与孩子分享知识和智慧,让孩子享受求知的快乐;在学习之外,多给孩子自由活动的时间和机会,让孩子在活动中追求自我、感受成长的快乐;在孩子犯错误时,父母也要把握好时机和方式,晓之以理,动之以情,别伤了孩子的自尊心;在孩子遇到困难和挫折时,父母要以爱的力量给予孩子鼓励,逐步提高孩子的心理承受能力,培养孩子坚强的意志和品格;在孩子取得进步时,父母要真诚地赞扬,让孩子体会到进步带来的成就感。快乐要贯穿于整个教育过程,只要父母多一分对孩子的理解,少一分对孩子的训斥,帮助孩子扬起希望的风帆,让孩子感受到受教育的快乐,那么父母也就能享受到教育的快乐,收获成功的喜悦。

所以,家长们,做一对让孩子快乐的父母吧。多一点宽容,少一点专制;多一点交流,少一点冷落;多一点鼓励,少一点讥讽;多给孩子些自由,少给孩子补一堂课。当父母把信任、理解、关爱当作礼物送给孩子时,孩

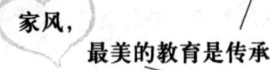

家风,
最美的教育是传承

子就能享受到受教育的快乐,父母也就能够体验到教育的快乐。如此,快乐地教,快乐地学,让家风教育成为一件快乐的事吧!

专家谏言:

一个聪明的家长,懂得如何寓教于乐,让孩子随着天性在快乐中成长,自己教得愉快,孩子也学有所成。教育是要让孩子快乐且让父母也幸福的双赢。

后　记

中国有句古话说："不积跬步无以至千里，不积小流无以成江海。"任何的优良传统都需要靠一点一滴地累积，而华夏文明和中华文化可以得到五千年的传承，依靠的是一代代的言传身教。家风，就是在这样的传教中得以延续和发展的中华文化精髓。

《颜氏家训》中说："笃学修行，不坠门风。"家风，可以通过对孩子日常生活和习性的循循教导，塑造孩子良好的品格，净化孩子的内心，让孩子能够树立正确的价值观、人生观。家风，就是一种无形的教育，是培养优良子女、传承家族文化最直接、最基础的教育。

随着社会的发展、时代的变迁，人们的思想和观念都发生了变化。很多孩子在家里集万千宠爱于一身，家长连说教都不舍得，更别说把家风文化传承在他们身上。但这样也就造成了很多孩子唯我独尊的性格，等到将来长大再想改，为之晚矣。孔子曾说过："少成若天性，习惯如自然。"有些事，在小时候如果不去教导，让他养成了习惯，那这种习惯不管是好的还是坏的都会伴随其一生。

因此，作为家长的我们，就必须意识到家风的重要性，要想孩子在以后的未来有良好的品格和德行，从现在起，就要树立良好的家风。